Lieblingsplätze in HOHENLOHE

Lieblingsplätze in Hohenlohe

Ute Böttinger

Autorin und Verlag haben alle Informationen geprüft. Gleichwohl ändern sich Gegebenheiten, daher erfolgen alle Angaben ohne Gewähr. Möchten Sie ein Feedback geben, freuen sich Autor in und Verlag: lieblingsplaetze@gmeiner-verlag.de

Aus Gründen der Lesbarkeit und Sprachästhetik wird in diesem Buch das generische Maskulinum verwendet. Mit der grammatischen Form sind ausdrücklich weibliche sowie alle anderen Geschlechtsidentitäten mit berücksichtigt, insofern dies durch die Aussage geboten ist.

Sofern nicht im Folgenden gelistet, stammen alle Bilder von Ute Böttinger:
Weingut Weihbrecht 14; Foto: Zweckverband Gewerbepark Hohenlohe 36; Wald- und Schlosshotel Friedrichsruhe/Niels Schubert 50; Adolf Würth GmbH & Co. KG 70, 166; Mustang Bekleidungswerke GmbH & Co. KG 72; Henry Doll 80, 110, 116; Daniel Heffner 84; Touristikgemeinschaft Hohenlohe e.V. 86; Bernhard Kuees 92; Fauna Wildpark GmbH 96; Solymar Therme 98; Thomas Weller 100; Wolfgang Schmidt 102; Jakobshof Markelsheim 104; Schlossverwaltung Weikersheim 106; Alexander Romppell 112; Uwe Stoeffler (Vermietungsagentur Hohenlohe/Tina Oestrich) 114; Café Bauer/Irina Meidlinger 120; Wolfgang Schmidt 130, 180; Bäuerliche Erzeugergemeinschaft Schwäbisch Hall 134, 144, 178; Christel Pfänder 136; Biermanufaktur Engel GmbH & Co. KG 140; Krimmers Backstub' 154; Wolfgang Schmidt 156; Gemeinde Michelfeld 158; Peter Jost 160; Holger Kaag 162; Pixabay/maxmann 164; Großer Siederhof Schwäbisch Hall/Verein Alt-Hall e.V. 170; Geigenbauwerkstatt Hatting 172; Schwäbisch Hall Tourismus e.V./Jan Bürgermeister 176; Frank Borde 182; Experimenta Heilbronn/Matt Stark 184: Tim Erdmann 186

QR-Code einscannen und kostenloses E-Book anfordern.

Besuchen Sie uns im Internet:
www.gmeiner-verlag.de

1. überarbeitete Neuausgabe 2023

Im Ehnried 5, 88605 Meßkirch
Telefon 07575/2095-0
info@gmeiner-verlag.de

Lektorat/Redaktion: Ricarda Dück
Herstellung: Julia Franze
Bildbearbeitung/Umschlaggestaltung: Susanne Lutz
unter Verwendung der Illustrationen von © SylwiaNowik – stock.adobe.com; © SimpleLine – stock.adobe.com; © Fiedels – stock.adobe.com; © scusi – stock.adobe.com; © Susanne Lutz; © vecti – stock.adobe.com; © VRD – stock.adobe.com; © scusi – stock.adobe.com
Druck: AZ Druck und Datentechnik GmbH, Kempten
Printed in Germany
ISBN 978-3-8392-0376-7

EIN LAND ZUM SCHWELGEN UND LIEBEN

Eine Kostprobe

Vom dicht besiedelten Großraum Stuttgart kommend, nehme ich auf der A6 in Richtung Nürnberg die Ausfahrt Öhringen. Und es ist immer das gleiche Gefühl. Egal, ob ich im frühen Sommer entlang der sattgrünen Wiesen und gelb blühenden Rapsfelder fahre, das Fenster herunterkurble, um die reine Luft zu atmen, oder aber im tiefsten Winter das schneebedeckte Land durchstreife, das durch das Weiß noch grenzenloser wirkt – ich tauche ein in eine unglaubliche, fast grenzenlose Weite, passiere Dörfer, bin angekommen und daheim. Und das, obwohl ich gar keine waschechte Hohenloherin bin, sondern eine Reingeschmeckte! Dennoch kenne ich diesen Landstrich im Nordosten Baden-Württembergs nun schon seit etlichen Jahren. Aber nicht wie meine Westentasche, denn es gibt immer noch viel zu entdecken. Vor allem beim Wandern, Radfahren oder auch im Kanu, denn dazu lädt diese Region geradezu ein.

Die Grenzen werden auch heute noch heiß diskutiert, doch versteht man unter Hohenlohe im Wesentlichen die fränkischsprachige Gegend rund um die Flüsse Kocher, Jagst sowie Tauber und damit den Hohenlohekreis, den südlichen Abschnitt des Main-Tauber-Kreises und den östlichen Landkreis Schwäbisch Hall sowie einen kleinen Bereich der Grenzregion zu Bayern. Auf Tausende Quadratkilometer kommen – im Verhältnis – nicht viele Einwohner, dafür bleibt viel Raum für die Natur: Streuobstwiesen, Weinberge, Steinhalden und Bachklingen, Wald- und Hügellandschaften, Feuchtwiesen und Heideflächen. Was für eine Vielfalt an Landschaftsformen! Und was für ein Paradies für Pflanzen und Tiere!

Seltene Orchideen, Wildblumen und Kräuter wachsen auf den Böden der Region. In Tauber, Kocher und der Jagst schwimmen viele verschiedene Fischarten, an den Ufern brütet der Eisvogel, und der Rotmilan zieht stolz am Himmel seine Kreise über dem weiten Hohenloher Land. Wasseramsel und Feuersalamander fühlen sich an Bachklingen in den kühlen Wäldern pudelwohl, Schmetterlinge tummeln sich auf Wacholderheiden.

Aber wissen Sie, was das Schönste ist? Sie gehen einfach früh am Morgen los, per pedes und mit einem Rucksack, und lassen sich von den Begegnungen des Tages überraschen – ob in der wunderschönen Natur oder in einem der vielen kleinen Dörfer mit den Hohenlohern. »Sou, kummsch alloonich doher«, könnte eine Frage lauten, die Ihnen gestellt wird. Schließlich sind die Hohenloher in punkto Dialekt nicht weniger selbstbewusst als die bayrischen Nachbarn. Und bitte: Es ist ein fränkischer Schlag, titulieren Sie deshalb niemals einen Hohenloher mit »Schwabe«, auch wenn die Region zu Württemberg zählt. Und noch etwas Wissenswertes: Der Hohenloher ist deswegen als schlitzohrig bekannt und benannt, weil er so gekonnt liebenswert seine Mitmenschen auf den Arm nehmen kann. Wie? Das müssen Sie schon selbst herausfinden!

Entdecken Sie auch unbedingt, was es mit Hohenlohe als »Genießerregion« auf sich hat – so das Lob der *Tourismus-Marketing GmbH Baden-Württemberg.* Die Hiesigen wissen nur allzu gut, dass in ihrer Heimat überall feinste und beste lukullische Verführungen lauern. Man stolpert über Blootz und Holunderblütensekt, verfängt sich genüsslich im Hohenloher Ziegenfrischkäse oder im Schwäbisch-Hällischen Landschweinschinken, strandet in einer der vielen ausgezeichneten Küchen, um sich schließlich willenlos der Speisekarte zu ergeben.

Soweit eine erste Kostprobe von Hohenlohe. Habe ich Ihnen den Mund wässrig gemacht? Ja? Dann kommen Sie doch einfach mit auf einen Spaziergang zu meinen ganz persönlichen Lieblingsplätzen in meiner Heimat. Garantiert: Dieser Landstrich ist ein Potpourri an Naturschätzen, kulturellen Highlights, kulinarischen Köstlichkeiten, historischen Orten und – nicht zuletzt – vielen einzigartigen Geschichten.

Nein, Sie müssen nicht alle meine Lieblingsplätze unterschreiben. Vielleicht machen Sie welche zu Ihren, vielleicht entdecken Sie eigene und die Region für sich. Ob Reisende oder Einheimische – alle finden ihre Hohenloher Lieblingsplätze!

Blick von Waldenburg, dem »Balkon Hohenlohes«

1

Weinberglage Himmelreich
Ausgangspunkt:
Alte Kelter Siebeneich
Himmelreichstraße 2
74626 Bretzfeld-Siebeneich
www.tourismus-bw.de/touren

Weinausschank Familie Banzhaf
Wengertstraße 16
74626 Bretzfeld-Siebeneich
07946 1530
www.besen-banzhaf.de

Einmal ins Paradies und zurück

Weinberglage Himmelreich in Siebeneich

Dass oben im *Himmelreich* die Trauben nicht so oft erfrieren, es weniger hagelt und nachts nicht so stark abkühlt, stellte man in Siebeneich schon früh fest und schrieb es in der Ortschronik nieder. Die Weinberge im Bretzfelder Ortsteil sind sonnenverwöhnt und ziehen sich, gleich einer Perlenschnur, weit hinauf zu den sieben Eichen und dem angrenzenden Wald.

Dort oben eröffnet sich ein herrlicher Blick bis weit ins Brettachtal. Per pedes können Sie sich alleine auf den sechs Kilometer langen Rundweg durch die Reben machen oder aber Sie buchen eine Wanderung mitsamt einem Event. Spezialistin für die Thementouren ist Regina Weihbrecht. Die zertifizierte Weinerlebnisführerin bietet gleich mehrere Ausflüge ins *Himmelreich:* mit dem Pferdeplanwagen und entspannten 2 PS oder mit einem ganz kriminellen Trip, der mit dem vermeintlichen Ableben im *Himmelreich* endet. Bei der Wanderung gilt es schließlich, einen Mord aufzudecken. Das klappt mit einem spritzigen Crémant als Starter am Weingut Weihbrecht und den anschließenden Stopps mit Krimilesung und Fingerfood ganz gut. Aufgedeckt wird das mörderische Tun bei einer Henkersmahlzeit in der Besenwirtschaft des Weinguts Weihbrecht in Schwabbach (www.weingut-weihbrecht.de).

Warm anziehen sollten Sie sich beim jährlichen Event im *Himmelreich.* Wenn die Rebstöcke sich im Frühjahr noch verhalten zeigen, lassen die Bretzfelder Weingüter die Reben glühen. »Wenn der Berg für den Wein brennt«, heißt dann das Motto im *Himmelreich.* Mit rund drei Kilometern Wegstrecke und zehn Stationen mit Speis und – natürlich reichlich und ausgezeichnetem – Rebensaft wird gewandert. In der Dunkelheit versteht sich. In Szene gesetzt sind die Weinberge mit vielen Fackeln und stimmungsvollem Licht.

Einkehren, unbedingt! Auf dem Siebeneicher Boden des Himmelreichs: beim Besen der Familie Banzhaf oder bei einem der Events des Weinguts Weibler (www.weibler.de).

2

Brettachtal-Radweg
Startpunkt: Parkplatz
Kelter Geddelsbach
U. Brettachtalstraße 6
74626 Bretzfeld
www.heilbronnerland.de/
tour/brettachtal-radweg

Bretzfelder Kunstverein e.V.
www.bretzfelder-
kunstverein.de

Kunstvoll in die Pedale treten

Brettachtal-Radweg

Auf gut 21 Kilometern fast ohne Steigung radeln, links und rechts vorbei an Streuobstwiesen, Weinbergen und der schönen Uferlandschaft der Brettach – das bietet der ausgewiesene *Hohenlohe Brettachtal Radweg*. Von Bretzfeld-Geddelsbach am Parkplatz an der Kelter starten Sie am besten, um in Neuenstadt am Kocher zum Ziel zu kommen.

Zwischen Geddelsbach und Bretzfeld dürfen Sie zudem kunstvoll in die Pedale treten. Auf diesem Streckenabschnitt begegnen Sie schließlich Dutzenden Objekten, Skulpturen und in Szene gesetzten Naturmaterialien. 2012 wurde das von der Gemeinde Bretzfeld zusammen mit Künstlern initiierte Konzept *Landart Bretzfeld* installiert. Werke verschiedener Urheber säumen den Radweg. Ein Siebenmeilenstiefel aus Sandstein des Künstlers Wolfgang Steck ist mit 1,20 Meter Höhe und 200 Kilogramm Gewicht ein markantes Wegzeichen. Ebenso das Hexenhaus von Hans A. Graef. Dass man da auch mal gerne vom Sattel steigt, um die Kunstinstallation näher zu betrachten, ist erwünscht.

Vor allem mehr als einen Blick wert ist das außergewöhnliche Projekt *Kunstversteck Pulvermühle.* Auf dem ehemaligen Gelände einer Munitionsfabrik liegen verschiedene Werke verborgen, die eine besondere Verbindung zum Wald und dem bis in die 1990er-Jahre wirtschaftlich bedeutenden Standort haben. Frank Rehm vom Bretzfelder Kunstverein räumt zwar ein, dass die Werke nach dieser Zeit nun in die Jahre gekommen seien, jedoch: »Bei einigen gehört ja auch der Verwitterungsprozess dazu.« Andere hingegen werden wiederbelebt.

Beschwingt von der Kunst fahren Sie einfach in Neuenstadt weiter. Hier trifft der Brettachtal- auf den Kocher-Jagst-Radweg.

8

Laienschauspiel Mainhardter Wald e.V. Gögelhof
74535 Mainhardt
0160 95976297
www.laienschauspiel-mainhardt.de

VON REBELLEN ZU RÄUBERN

Gögelhof im Mainhardter Wald

Mit dem Schwert geköpft, die Körper auf ein Rad geflochten und die Häupter auf Pfähle gesteckt – so schaurig war die Hinrichtung und damit das Ende der berüchtigten Mainhardter Räuberbande. Diebstahl, Post- und Straßenraub gingen im ausgehenden 18. Jahrhundert auf ihr Konto.

Knechte, Tagelöhner, Salzträger, Bürstenbinder – kurz »arme Teufel« genannt – rotteten sich damals im Mainhardter Forst zusammen. Hier kreuzten sich zwei wichtige Handelswege, der eine aus Stuttgart und der andere aus Heilbronn kommend, die nach Nürnberg führten. Beutezüge auf Vorbeireisende waren äußerst lukrativ. Die einstige Bande bestand aus drei Gruppen: den Ammertsweilern, den Neuhüttenern und der Fuchsschwänzer Rotte. Kopf der Räuber war ein Herbergswirt aus Mainhardt, der im Hintergrund die grausigen Fäden zog. Ihr Schicksal wurde schließlich auf dem Gögelhof besiegelt.

Von 2004 bis 2014 erzählte die lokale Laienspielgruppe im Freilichttheater auf dem Mainhardter Gögelhof mit dem Stück *Die Räuber vom Mainhardter Wald* dieses verbürgte historische Kapitel. Seit 2019 wird mit *Aufstand im Mainhardter Wald* die Vorgeschichte der Räuberbande erzählt. Kostüme und Requisiten lassen bei den Aufführungen die damalige Zeit lebendig werden. Rund 100 Darsteller wirken am alljährlichen Freilichtspektakel mit. Und die Besucher können, dürfen und sollen dabei richtig mitgehen, schließlich ist auch dieses Stück als Stationentheater konzipiert. Mittendrin im Geschehen werden die Zuschauer über die Wiese geführt, etwa zu den Waschweibern in ihren historischen Gewändern oder zum kleinen eingezäunten Friedhof.

Die Räuberwiese können Sie auch außerhalb der Spielsaison besuchen. Oder Sie machen einfach mit der *Mainhardter Erlebnisrunde* eine Wanderung durch die schöne Landschaft. Da liegt der Gögelhof auf dem Weg.

4

Fuxipfad
Ausgangspunkt:
Wanderparkplatz
Mönchsberg
74535 Mainhardt
www.mainhardt.de

Dachsi Naturerlebnispfad
Ausgangspunkt: Kiosk am
Finsterroter See
Seestraße
71543 Wüstenrot
www.gemeinde-wuestenrot.de

NATUR SPIELERISCH ERLEBEN

Fuxipfad

Ein richtiges Paradies zum Spielen und gleichzeitig zum Lernen ist der Fuxipfad der Gemeinde Mainhardt. Bei Mönchsberg auf dem Wanderparkplatz beginnt die Strecke, die von einer *Fuchspfote* zur anderen führt, so der Name der Wegstationen.

Unternehmen Sie unbedingt die zusammengefasste rund 10 Kilometer lange Tour. Die beiden mit jeweils knapp fünf Kilometern kleineren Abschnitte sind sicherlich auch eine Option, aber wirklich: Das große Paket lohnt sich, und die Route lässt sich im Rahmen eines Familientagesausflugs – Vesper einpacken! – gemütlich erwandern.

Und für die 19 Fuchspfoten sollten Sie sich wirklich Zeit nehmen. Gleich die erste Station, die *Träumerliege,* lädt zum Entspannen ein. »Lege dich auf die Liege und lausche. Schon nach kurzer Zeit hörst du die Geräusche der Tiere und des Waldes«, verspricht der Wegepunkt. Dagegen wird beim wurzeligen Abstieg in die Olga-Schlucht Koordination und Gleichgewichtssinn herausgefordert. Und beim *Fühlfinder,* dem Haltepunkt fünf, gilt es, Baumrinde um Baumrinde zu ertasten, erraten und zuzuordnen. Eine weitere Lerneinheit im grünen Klassenzimmer ist der Weitsprung, bei dem man sich mit den einheimischen Tieren misst und versuchen soll, ihre Fährten nachzuahmen. Und so erkenntnisreich geht es schließlich den ganzen Pfad entlang: *Wecke den Specht*, *Unterwasserwelt, Geheimnisvoller Kling- und Summstein* oder eine Wasserstation, die geradezu einlädt, nach Lust und Laune zu matschen und planschen.

Die Kombination aus Spaß, Spiel und Information ist ein Kind der Gemeinde Mainhardt und wurde mit Unterstützung des Naturparks Schwäbisch-Fränkischer Wald sowie des Staatlichen Forstamts Schwäbisch Hall eingerichtet.

Auch unterhaltsam und quasi fast um die Ecke: der *Dachsi Naturerlebnispfad* am Finsterroter See. Mit elf Stationen und gut drei Kilometern Wegstrecke ein Kinderspiel!

5

Biergarten Mönchsberg
Zum alten Forsthaus
Mönchsberg 5
74535 Mainhardt
07903 9439049
biergarten-moenchsberg.de

Blootz, Wurstsalat und Wildgulasch

Biergarten *Zum alten Forsthaus* in Mönchsberg

Hier treffen sich wirklich alle: der Radfahrer und die junge Familie, das Rentnerpärchen und die Truppe der Harley-Fahrer, der Rucksackwanderer und die Cabrio-Fahrerin mit Sonnenhut und schickem Outfit. Mitten in der Mainhardter Natur, eingebettet zwischen Wiesen und Wald, liegt der idyllische Biergarten *Zum alten Forsthaus.*

Im Sommer, wenn laue Lüftchen durch den weitläufigen Garten wehen, ist das wunderschöne Areal gut besucht. Vor allem für die kleinen Gäste ist mit einem schönen Spielplatz viel geboten. Das Biergartenwochenende beginnt von Anfang März bis Ende Oktober an jedem Freitagabend. Vor allem zu den Stoßzeiten heißt es: erst mal anstehen. Aber das lohnt sich! Während der Wartezeit kann man sich schon mal in aller Ruhe umschauen und die Speisekarte studieren. Neben wechselnden Hauptspeisen wie deftigem Wildgulasch werden auch die üblichen Biergartengedecke à la Rote Wurst, Kartoffelsalat, Wurstsalat oder die klassischen Pommes angeboten. Doch beliebt und begehrt ist der Blootz, der frisch aus dem Backhäusle kommt. Der darf klassisch, aber auch gern mal exotisch sein: mit Sardellen, Kapern und Oliven oder mit Gorgonzola, Spinat und Tomaten. Und sollte es draußen doch mal ungemütlich werden, öffnet das alte Forsthaus seine Gaststube.

Wer eine ruhige Bleibe sucht, ist in Mönchsberg ebenso an der richtigen Adresse. Mit *Übernächtigt*, *Ehrenlauf*, *Dachrose* und *Himmelsspur* bietet das alte Forsthaus moderne wie gemütliche Ferienwohnungen. So kann man die Touren – ob per pedes oder mit dem Rad – durch den Mainhardter Wald auch mal über ein paar Tage genüsslich ausweiten.

Interaktiv durch den Schwäbischen Wald: Mit dem Smartphone und dem *Abenteuer Waldfee* geht es durch sechs Gemeinden des Schwäbischen Waldes. Aufgaben lösen, Punkte sammeln und Belohnungen erspielen inklusive (www.abenteuer-waldfee.de)

6

Trödelmarkt & Café ZeitRaum
Hauptstraße 81
74535 Mainhardt
07903 9426391
cafeimtroedelmarkt.de

Kräutergarten und Lädle im Riegenhof
Doris Braun
Riegenhof 4
74535 Mainhardt
07903 2782
www.demeterhof.info

Seltenes, Kurioses und Leckeres

Café im Trödelmarkt *ZeitRaum*

Das Auge schweift umher und weiß nicht, wo es haften bleiben soll. Derart zahlreich sind die Blickfänge im Trödelmarkt von Werner Klose. Direkt an der Hauptstraße, im ehemaligen Mainhardter Turmuhrenmuseum, verschwimmen Zeit und Raum.

Ein plüschiges Sofa lockt sich niederzulassen, der Teddybär mit nur noch einem Auge thront auf dem Stuhl daneben. In der Vitrine blitzt das gute alte Kaffeegeschirr. Ein antikes Klavier mit aufgeschlagenem Notenheft lädt zum Spielen ein, und der Nerzmantel am Treppenaufgang plustert sich fast majestätisch auf. Es gibt garantiert (fast) nichts, was es nicht gibt im Sammelsurium von Werner Klose. Auf rund 600 Quadratmetern und mehreren Etagen hat der Mainhardter ein besonderes Domizil geschaffen. Und zwar für allerlei: von antik bis neu!

Ganz gleich, ob Sie Ihren persönlichen Wunschzettel dabei haben oder ob Sie sich beim Stöbern inspirieren und überraschen lassen möchten – Sie werden auf einen Schatz stoßen, dem Sie nicht entkommen können. Eine Rarität des gedruckten Wortes oder eine seltene Schallplatte? Ein Spielgerät, das Kinderherzen bereits vor über 100 Jahren erfreute? Oder eine noch neu verpackte Tischdecke? Stunden könnten Sie hier verbringen, ohne aus dem Staunen herauszukommen. Und da Werner Klose das weiß, beherbergt der Trödelmarkt auch ein liebevoll eingerichtetes Café.

Im Erdgeschoss der umgebauten Scheune werden zu den Öffnungszeiten am Wochenende hausgebackene Kuchen und Torten serviert, dazu Kaffeespezialitäten wie Latte Macchiato, Cappuccino oder Espresso. Und wenn Sie sich dann auf einem der Plüschsofas heimelig fühlen, ist das gewollt: Auch dieses ist freilich zu erwerben, samt Kaffeetasse und silbernem Löffel.

Vom Trödelmarkt in den Garten! Im Heilkräutergarten Riegenhof können Sie Natur pur genießen, und bei Kräuterkursen frischen Sie Ihr Wissen auf.

7
Freibad Untersteinbach
Freibadweg 15
74629 Pfedelbach-Unter-
steinbach
07949 940016
www.pfedelbach.de/de/
freizeit-kultur
Weingut Ungerer
Harsberger Straße 15
74629 Pfedelbach-Renzen
07949 940690
www.weingut-ungerer.de
WASSERTIEFE 1,

MIT CHARME UND KULTSTATUS

Freibad Untersteinbach

Klar, eine ganze Straße wurde ihm gewidmet! Am nach ihm benannten Weg, am Rande des kleinen Pfedelbacher Teilortes im idyllischen Steinbacher Tal, liegt das Untersteinbacher Freibad. Die Einheimischen schätzen es nicht nur, mehr noch: Sie lieben es!

Es ist mitnichten ein Spaßbad, die Ausstattung mag zudem überschaubar sein, aber es ist nun mal Kult, das kleine Bad mit dem großen Charme. Auf das Jahr 1935 geht der Bau zurück. Freilich wurde die Anlage immer wieder modernisiert, doch stets ohne den Stil und die wohltuend unkomplizierte Atmosphäre des bald 100-jährigen Bades zu beeinträchtigen.

Selten überfüllt, immer sauber, und das frische Nass verspricht vor allem an hitzigen Tagen wohltuende Abkühlung, da es unbeheizt ist. Neben dem Nichtschwimmer- und Schwimmerbecken mit Sprungbrett und einer Wasserrutsche lockt das Freibad mit Kleinkinderbecken, Tischtennisplatten und Beachvolleyballfeld vor allem Familien an. Doch nicht nur die bleiben ihrem Freibad treu. Wer einmal kommt, kommt immer wieder.

Schwerlich zu beschreiben, was den Charme ausmacht. Die familiäre Atmosphäre? Das zeitlose Eintauchen? Oder vielleicht die stilvoll traditionelle Kiosk- und Biergartenromantik? Wahrscheinlich eine Mischung von allem. An lauen Sommerabenden sitzt man noch lange zusammen bei einem Bierchen. Da treffen die treuen Badegäste mit den Campingplatzbesuchern von nebenan zusammen. Die Kinder springen umher, die Gespräche sind anregend, die Stimmung launig. Eine wunderbare Mischung. Mit vielen Geschichten.

Auf nach Pfedelbach-Renzen! Das kennen Sie nicht? Der Teilort liegt gleich neben Untersteinbach, und dort lädt ein idyllischer Besen zur geselligen Einkehr ein. Die guten Tropfen vom Weingut Ungerer sind auf alle Fälle einen Abstecher wert!

8

Weinlehrpfad Heuholz
Ausgangspunkt:
Parkplatz an der ehemaligen Weinkellerei Hohenlohe
Dachsteigerstraße 2
74629 Pfedelbach
www.pfedelbach.de/de/freizeit-kultur/freizeitaktivitaeten/wein-wege

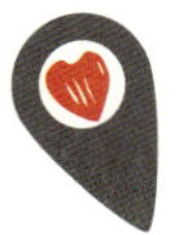

DEM REBENSAFT AUFS DACH STEIGEN

Lehrpfad *Wein Wege* in Heuholz

Eine der ältesten Herrschaftskeltern im Weinanbaugebiet Württemberg steht im Pfedelbacher Teilort Heuholz. Das gut erhaltene Gebäude besticht vor allem durch die freie Dachkonstruktion, einem wahren handwerklichen Meisterwerk. Heute ist es zwar in privatem Besitz, aber dennoch ein Hingucker gleich zu Beginn auf dem Lehrpfad *Wein Wege* in Heuholz.

Wein erleben, wandern, entdecken und genießen – so lautet das Motto der beiden von der Gemeinde Pfedelbach initiierten *Wein Wege* in Heuholz und Öhringen-Michelbach. In Pfedelbach, im idyllischen Steinbacher Tal, schlängelt sich dieser Wissenspfad von der alten Kelter hinauf zum Ranzenberg und damit einmal durch die Württemberger Einzellage *Dachsteiger.*

Zahlreiche Infotafeln und Aktivstationen entlang der Strecke erklären den Wein(an)bau. Ob Bodenpflege, Begrünung, Rebschnitt oder die verschiedenen Sorten – wer Wein nicht nur trinken, sondern darüber hinaus auf seinen Spuren wandeln möchte, ist hier genau richtig. Und das auf modernste Art und Weise: Denn neben dem Studieren der Schilder im Weinberg können Sie sich das Weinwissen via Smartphone aneignen. Die *Wein Wege*-App bietet zusätzliche Informationen und Impressionen. Mit einem Klick finden Sie beispielsweise heraus, welcher Wein am besten zu Ihrem Lieblingsgericht passt.

Wenn Sie das alles schon wissen: Auch gut, dann packen Sie sich ein leckeres Picknick und den dazu passenden Tropfen ein und machen Sie Rast oben auf der Aussichtsplattform am Ranzenberg. Hier, am *Dachsteiger,* eröffnet sich eine einzigartige Aussicht ins Steinbacher Tal und bei schönem Wetter bis zum Katzenbuckel im Odenwald.

An einigen Wochenenden von Ende April bis Ende August wird an der Aussichtsplattform ausgeschenkt! Feiner Wein natürlich!

9

**Dreher –
Gaststätte Zum Löwen**
Kernerweg 40
74629 Pfedelbach-
Harsberg
07949 596
gasthaus-dreher.de

ROSTBRATEN MIT SPÄTZLE, WAS SONST?

Gasthof *Zum Löwen* in Harsberg

Das Fuchskuttelessen einmal im Jahr ist ein wirkliches Highlight. Innereien vom Wildbret werden zu diesem Anlass kredenzt. Die Veranstaltung ist meist schon über Wochen im Voraus ausgebucht. Doch zum Glück hat der Gasthof *Zum Löwen* noch viel mehr zu bieten. Aber: Um einen Tisch zu bekommen, muss man sich auch im regulären Betrieb sputen. Bitte reservieren!

Vor allem am Wochenende herrscht in der 1909 gegründeten Wirtschaft reges Treiben. Urig, gemütlich, fast wie in der Wohnstube eines Waidmannes sitzen die Gäste bei Drehers. Da ein ausgestopfter Fuchs an der Wand, daneben der Fasan und Rehgeweihe in unterschiedlichen Größen. Auf die Jagd geht Theo Dreher selbst. Und kommt ein Wildbret vor seine Flinte, wird das natürlich zeitnah und äußerst schmackhaft in der Küche zubereitet. Dafür ist Roswitha Dreher verantwortlich. Gutbürgerlich kommen die Gerichte auf den Wirtshaustisch. Und in jedem Fall mit viel Liebe zubereitet. Beliebt und begehrt ist vor allem der Dreher'sche Rostbraten, natürlich mit Spätzle!

Seit geraumer Zeit ist auch Sohn Thorsten mit von der Küchenpartie. Der gelernte Koch bringt nach einigen Stationen in namhaften Restaurants den einen oder anderen frischen Wind in den Familienbetrieb. Er setzt eigene kulinarische Akzente wie etwa die Haselnussspätzle oder aber die feinen Eiskreationen. Diese lassen sich im Sommer auf lauschigen Außenplätzen in ungezwungener Atmosphäre genießen.

Apropos ungezwungen, Theo Dreher lässt es sich nie nehmen, seine Gäste persönlich zu begrüßen. Und wenn es die Zeit zulässt, zeigt sich auch Roswitha Dreher und kommt aus ihrer Küche. »War alles recht?«. Was für eine Frage – natürlich!

Gehen Sie bloß nicht über den Hof bei Drehers! Sonst landen Sie im Gefängnis. Wie das? Das Kulturdenkmal – eine Arrestzelle und eine Brennerei unter einem Dach – lässt sich gleich nebenan bestaunen.

10

Schloss Pfedelbach
Schlossstraße 5
74629 Pfedelbach

Touristinformation Gemeinde Pfedelbach
Hauptstraße 17
74629 Pfedelbach
07941 60810
www.pfedelbach.de

Schloss und Herrschaftskelter

Da an diesem Ort mildes Klima herrscht, ließ sich Graf Eberhard von Hohenlohe-Waldenburg Ende des 16. Jahrhunderts das Schloss in Pfedelbach als Winterresidenz erbauen. Später diente es als Amtsort und Witwensitz des Hauses Hohenlohe, schließlich kaufte die Gemeinde das marode Bauwerk und gestaltete es zu einem Schmuckstück.

1962 wechselte das Pfedelbacher Wasserschloss für damals 40.000 Mark den Besitzer. Fast zwei Jahrzehnte sanierte die Gemeinde ihr neues Eigentum, bis sie 1979 den Bau feierlich einweihen konnte. Heute wird der Schlosssaal für Gemeinderatssitzungen und die Kapelle als beliebtes Trauzimmer genutzt. Und nur einen Katzensprung davon entfernt befindet sich eine weitere Sehenswürdigkeit des Ortes.

Wenn Sie an dem herrschaftlichen Gebäude vorbeiwandeln, sollten Sie den Weg zum nahe liegenden Langen Bau einschlagen. Das imposante Fachwerkhaus beherbergt den 70 Meter langen und 12 Meter breiten Herrenkeller. 1604 errichtet, um Wein zu lagern, ist in der Herrschaftskelter heute ein Museum untergebracht, das die Geschichte des regionalen Rebenanbaus dokumentiert. Prunkstück der Ausstellung ist das drittgrößte Weinfass Süddeutschlands. Im Jahr 1752 baute Michael Mayer, Hofküfer des Hauses Hohenlohe-Waldenburg, dieses gewaltige Fürstenfass mit einem Durchmesser von vier und einem Umfang von 15,5 Metern, um sagenhafte 64.664 Liter Wein darin lagern zu können. Noch bis 1822 diente es als Behältnis für den fürstlichen Weinzehnt, der auf den von den Bauern gekelterten Rebensaft erhoben wurde.

Inzwischen gehört das prächtige, einst fürstliche Fass den genossenschaftlichen Weingärtnern. Die Weinkellerei Hohenlohe mit Sitz in Adolzfurt nutzt den Namen »Fürstenfass« heute als bekannte Marke.

Ein besonderer Hingucker im Weinbaumuseum ist die holzgeschnitzte Bacchusfigur, die dem Fürstenfass als Riegel dient.

11

Destillatmanufaktur Mozers Spirit
Fritz-Martin Mozer
Lerchenhof 1
07941 63586
74629 Pfedelbach
mozers-spirit.de

BRENNEN FÜR DEN BRAND

Destillatmanufaktur Mozer

Wacholderbeeren ganz klassisch, klar! Zitrusfrüchte sind auch dabei, Zitrone, Orangen. Auch klar! Hinzu kommen noch verschiedene Kräuter und als i-Tüpfelchens rote Johannisbeeren. Die genaue Rezeptur? Ein Geheimnis von Christine Mozer. Die Brennerin aus Pfedelbach tüftelte gut zwei Jahre an ihrem hauseigenen Gin. Und sahnte ab.

Der *Gin Fritz* vom Lerchenhof aus dem Hause Mozer gewann bei den *Craft Spirits Berlin Awards 2020* eine Silbermedaille, ein Jahr später wurde er bei der Prämierung der Kleinbrenner Nordwürttemberg zum »Gin des Jahres« gekürt. Aber die Erfolgsgeschichte ist noch nicht zu Ende: Ob Haselnusslikör, Apfelcuvée aus dem Eichenfass oder aber der Mirabellenbrand – auch diese Spirituosen aus der Mozer'schen Brennerei holten sich Medaillen, und 2021 wurde die Pfedelbacher Brennerei damit auch zu einer der »World's Best Craft Destilleries« gekürt.

Das kommt nicht von ungefähr. Dass Christine Mozer für ihren Brand brennt, spürt man. Es mache ihr einfach Spaß, die Aromenvielfalt zu riechen, zu schmecken, zu genießen, erklärt sie ihre Leidenschaft. Die Liebe zum Hochprozentigen entdeckte sie erst spät, obwohl sie von Kindesbeinen an mit Obstbau und -handel vertraut ist. Viel Zeit verbrachte sie im Früchtegroßhandel der Eltern, lernte schließlich ihren Mann Fritz-Martin Mozer kennen und zog auf dessen elterlichen Hof in Pfedelbach, einen landwirtschaftlichen Betrieb für Obst und Weinbau. Und mit Brennrechten seit 1893.

Zuerst war es eine Art Hobby, dann aber entschloss sich Christine Mozer zu einer Ausbildung als Brennerin. Das war in den Jahren 2015 bis 2017 in der *Lehr- und Versuchsanstalt für Wein- und Obstbau* (LVWO) in Weinsberg. 2019 folgte die Zertifizierung zur Edelbrand-Sommelière.

Über 100 eingetragene Brennrechte beheimatet die kleine Kommune Pfedelbach. Inoffiziell wird sie deshalb »Schnapsdorf« genannt. Da kann es auch keine Schnapsidee gewesen sein, im Jahr 2017 die Pfedelbacher Destillatwege ins Leben zu rufen (www.pfedelbach.de).

Gewerbepark Hohenlohe
bei Waldenburg

12

Marktplatz
74613 Öhringen

Stadtverwaltung Öhringen
Marktplatz 15
74613 Öhringen
07941 68118
www.oehringen.de

HIER FEIERT NICHT NUR DER WEIN

Marktplatz

Der Marktplatz der ehemaligen Residenzstadt ist zweifellos das Herzstück Öhringens. Im Schatten des prächtigen Fürstenschlosses, in dem heute die Stadtverwaltung residiert, umgeben von schmucken Häusern und behütet von der imposanten spätgotischen Stiftskirche St. Peter und Paul, kommen Einheimische und Gäste gerne zusammen. Am Markttag werden frische regionale Produkte eingekauft, es wird geschwatzt und im Sommer bei der beliebten städtischen Veranstaltungsreihe *Musik auf dem Wochenmarkt* gesungen und getanzt. Wenn allerdings die fahrenden Händler auf die Poststraße ausweichen müssen, wissen die Öhringer, was die Stunde geschlagen hat: In der guten Stube der Stadt steppt der Bär!

Alle zwölf Monate wird der Marktplatz für fünf Tage zu Verkostungsmeile für Weinzähne sowie zum Flirt- und Schunkelparadies für Weinselige. *25 Jahre Hohenloher Weindorf* wurde im Jahr 2022 gefeiert. Allein diese Zahl zeigt schon den Erfolg der Veranstaltung, die weit über die Region hinaus bekannt geworden ist. Rund 200 Weine und Sekte von Genossenschaften sowie Weingütern stehen hier jedes Jahr Spalier. Rassiger Riesling, süffiger Schiller, saftiger Trollinger, voller Lemberger, feine Cuvée – da bleibt garantiert kein Gaumen trocken! Ausgeschenkt wird in Zehntele zum moderaten Preis, also bleibt stets Luft nach oben, um zu probieren und zu studieren.

Neben diesem Highlight bietet der Marktplatz im Jahresreigen noch weitere Vergnügen. Seien es Feierlichkeiten von Vereinen, Flohmärkte, Kunstveranstaltungen oder die Events des Öhringer Stadtmarketings. Und wenn sich schließlich das schmucke Wohnzimmer im Winter aufhübscht und seine Fenster in Lichterschein taucht, ist es Zeit für den Weihnachtsmarkt.

Rauf auf den Turm der Öhringer Stiftskirche! Auf gut 32 Metern locken eine luftige Aussicht und Einblicke in die ehemalige Türmerwohnung.

18

Hofgarten Öhringen
Hofgartenweg
Parkplatz Alte Turnhalle
Hunnenstraße 24
74613 Öhringen

Schlosscafé & Bar Louise
Marktplatz 16
74613 Öhringen
07941 98 411 44
schlosscafe-oehringen.
de/cafe

VOM WÜRZGÄRTLEIN ZUR GRÜNEN OASE

Hofgarten

Ein »lustiges Würzgärtlein« hatte sich Magdalena von Nassau-Katzenbogen, Gemahlin des Grafen Wolfgang II. von Hohenlohe-Weikersheim, anno 1614 für ihren Witwensitz ausgedacht. Der älteste Teil des Schlosses, der Lange Bau, stellt das Hauptgebäude der ehemaligen Residenz. Die angrenzende, einst mit vielen Kräutern bepflanzte Grünfläche ist heute der Öhringer Hofgarten.

Mit gut 65.000 Quadratmetern bildet das Areal die grüne Lunge der Stadt. Gleich hinter dem gräflichen Prachtbau, heute Sitz der Stadtverwaltung, erstreckt sich die Oase zwischen Stadtmauer und dem kleinen Flüsschen Ohrn. Aus dem ehemaligen Würzgärtlein wurde um 1713 zunächst eine barocke Anlage. Graf Johann Friedrich II. von Hohenlohe-Neuenstein peppte nicht nur das Residenzschloss auf, sondern bewies bei der Gestaltung des Hofgartens ein Faible für den französischen Stil. Damit nicht genug: Ein Lusthaus kam dazu, und das Gelände wurde gen Süden erweitert. Schließlich wandelte sich das Areal Ende des 18. Jahrhunderts zum Englischen Garten und zu guter Letzt das Lustschlösslein zur Orangerie mit Theatersaal.

Heute begeistert der Park nicht nur mit dem wunderschönen alten Baumbestand, darunter heimische Prachtexemplare wie auch vielerlei exotische Gewächse. Nach dem Kauf des fürstlichen Schlosses samt Hofgarten 1961 wurde Letzterer für Groß und Klein eine beliebte Freizeitstätte mit Spielplätzen, Streichelzoo und Ruheanlagen. Mit der Landesgartenschau 2016 rückte der Hofgarten in den überregionalen Fokus. Das »Sommermärchen« wurde auch zum Publikumsmagnet und erstreckte sich über den Hofgarten, an der Ohrn entlang über Cappelaue und Cappelrain bis zum Hofgut Cappel.

Lustwandeln Sie über die Hofgartentreppe nach oben zum Schlosscafé Louise. Die Konditorei und Bar bietet Wohlfühlatmosphäre. www.schlosscafe-oehringen.de

14

Kletterturm Öhringen
Kreuzung Felsenkeller/
Tiele-Winckler-Straße
74613 Öhringen
07941 6481438
www.kletterturm-
oehringen.de

HÖHENRAUSCH!

Kletterturm

»Na ja, Höhenangst sollten Sie nicht haben, wenn Sie klettern wollen!« Der sportliche Mittvierziger grinst, als er die bangen Blicke der Besucher bemerkt. Danke! Das ist klar …

Faszinierend ist er schon, der Kletterturm des *Deutschen Alpenvereins* (DAV) in der Öhringer Cappelaue. Auch (bereits) von unten betrachtet. Allein die Gesamtkonstruktion aus Stahl ist beeindruckend. Unterschiedliche Stationen, bestehend aus bunten Planken, Plattformen oder auch Fässern, schweben über den Köpfen der Gäste. Da sollen wir hinauf – beziehungsweise drüber?

Jakob Mantel und seine Lebensgefährtin Lena Schulz aus Crailsheim sind noch nicht richtig davon überzeugt. Das junge Paar hat an einem Samstag ein festes Zeitfenster gebucht. Drei Stunden. Das muss ja mal hinhauen!

Nach einer ausführlichen Instruktion des Personals erreichen sie auch schon die erste Ebene. Vier sind es insgesamt, mit 48 Mottostationen. Drei Stunden erscheinen auf einmal wie (fast) nichts … Doch schon auf der ersten Ebene strahlt Jakob Mantel. »Mann, ist das toll!«. Wann der Höhenrausch eingesetzt hat, kann er im Nachhinein gar nicht mehr sagen. » Du willst einfach immer nur weiter, und höher«.

Just zur Öhringer Landesgartenschau 2016 wurde der Kletterturm in der Cappelaue gebaut. Seine Zukunft war danach immer wieder ungewiss und hart umstritten, doch der Kletterturm erlebt seit 2022 wieder enormen Zulauf. Höhenrausch ist einfach ansteckend! Und alle, die nicht klettern möchten, erleben diesen kostenfrei auf der Aussichtsplattform auf rund 15 Metern Höhe, die alternativ über eine Treppe bequem zu erreichen ist.

Klettern mit dem DAV können Sie nicht nur auf dem Turm in Öhringen oder in alpinen Höhenlagen. Einen Ausflug wert sind auch die Hessigheimer Felsengärten bei Mundelsheim.

15

Hohenloher Scheune
(Mai–September)
Cappel
74613 Öhringen
07946 2287
www.hohenloher-scheune.de

Hohenloher Scheune in Cappel

Die Außenfassade und die sanitären Anlagen sind schlicht. Und das gesamte »Scheunenensemble«, das noch aus der Zeit der Landesgartenschau 2016 stammt, ist recht rustikal. Dennoch: Wenn die *Hohenloher Scheune* ab Mai zur Saison aufruft, verbringt man den gesamten Sommer bis September dort beim geselligen Miteinander.

Die Öhringer sowieso, aber auch aus den umliegenden Ortschaften strömen die treuen Weinzähne herbei, um den einen und anderen guten Tropfen zu schlotzen. Denn das ist es schließlich, worum es an diesem Lieblingsplatz an der Ohrn zwischen Öhringen und Cappel geht: um den Hohenloher Wein!

Und der wird vom moderaten Zehntel bis zur ganzen Flasche ausgeschenkt. Über den Sommer hat man wahrlich die Qual der Weinwahl. Ein knappes Dutzend regionaler Weingüter plus die Hohenloher genossenschaftliche Kellerei stellen die Betreibergemeinschaft der *Hohenloher Scheune*. Das garantiert feinste Rebensäfte und Vielfalt! Im wöchentlichen Wechsel sind die jeweiligen Scheunen-Wirte vor Ort – immer im Gepäck, neben dem hauseigenen Wein freilich, auch ein zünftiges Vesper. Und am ganztägig geöffneten Sonntag werden zudem ein herzhaftes Mittagessen und leckere Kuchenkreationen angeboten.

So sitzen die Gäste zwanglos unter freiem Himmel auf den Bierbänken zusammen, plaudern und genießen die Aussicht auf das ehemalige Landesgartenschaugelände. So lässt sich der Tag bei einem leckeren Sundowner wunderbar ausklingen. Am besten mit einem gekühlten Rosé im Glas! Bei wirklich schlechtem Wetter bleiben die Scheunentore sowieso zu.

Wenn auf dem Öhringer Marktplatz beim Hohenloher Weindorf der Bär steppt, haben die Scheunentore bei Cappel geschlossen. Klar, oder?

16

Wohnmobilpark Hei-Camp mit Gaststätte Wunderbar
Verrenberger Weg 33
74613 Öhringen
07941 9898855
heicamp.de
www.verrenberg.de

Wiesenkelter Verrenberg
Wiesenkelter 1
74613 Verrenberg
07941 989044
www.wiesenkelter.de

GESCHICHTEN AUS ALLER WELT

Wohnmobilpark Heicamp mit Gaststätte Wunderbar

Nein, eigentlich haben sie es gar nicht mehr weit nach Hause. Das Ehepaar im Rentenalter sitzt entspannt am Spätnachmittag unter den Sonnenschirmen im Biergarten der *Wunderbar* im Wohnmobilcamp *Heicamp* in Öhringen. Heidenheim, also nur noch gut zwei Stunden Fahrzeit, ist ihre Heimat. Aber Sie hätten jetzt keine Lust mehr gehabt weiterzufahren, und schließlich seien sie nun fünf Wochen unterwegs gewesen. In Schweden, zunächst in Småland, dann über Stockholm bis hoch in den Norden nach Jönköping, und nun, auf der Rückreise, Stopp in Öhringen … Hach, was für ein schönes Vagabundenleben! Und welch tolle Geschichten werden da zusammengetragen, an diesem Ort.

Viel sagen muss man über den Stellplatz von Rainer Heidemann nicht. Die Auszeichnung in *promobil* 2022, dem größten Online-Portal für Wohn- und Reisemobile, spricht für sich: Zum »Stellplatz des Jahres« wurde das *Heicamp* in der Kategorie B ausgelobt, also bei den Anlagen mit 31 bis 50 Stellplätzen. Zwischen Öhringen und Verrenberg, direkt am Kreisel gelegen, ist das *Heicamp* auch idealer Anker für Wohnmobilisten, die die weitläufige Region Hohenlohe entdecken möchten. Neben einer fast schon luxuriösen Sanitärausstattung nebst Waschmaschinen und Trockner zeichnet sich der Mobilpark durch den herzlichen Service von Rainer Heidemann und Lebensgefährtin Gabi Süß aus.

Die Gastfreundschaft zeigt sich ebenfalls in der Gaststätte *Wunderbar*, die nicht nur von den Wohnmobilisten des Parks aufgesucht wird. Das Restaurant mit Biergarten ist ebenso beliebte Anlaufstelle für Einheimische, die ihre bodenständige regionale Küche lieben.

Und wenn man dann – nebenbei oder auf Nachfrage – Geschichten aus dem einen und anderen bunten Reiseleben erfährt, schwelgt man in Öhringen plötzlich mitten im Weltgeschehen.

Vom *Heicamp* fußläufig gut zu erreichen ist das Fürstliche Weingut und die Wiesenkelter in Verrenberg. Dort unbedingt den ausgezeichneten Tropfen *Ex flammis orior H.A.D.E.S.* probieren!

17

Dampfbahnfreunde Friedrichsruhe Anlage
(Mai–Oktober)
Via: Forsthausweg
74639 Zweiflingen-Friedrichsruhe
07941 9632692
www.dbf-friedrichsruhe.de

Jagsttalbahn
(Mai–September)
Station: Bahnhof Dörzbach
Bahnhofstraße 8
74677 Dörzbach
www.jagsttalbahn.de

VOLLDAMPF VORAUS!

Gartenbahn der *Dampfbahnfreunde Friedrichsruhe*

»Tschu-tschu-tschu, die Eisenbahn, wer will mit durch Friedrichsruhe fahr'n?« Man ist sich nicht ganz so sicher, welche Augen mehr leuchten, wenn sich die Miniaturausgabe der Dampflokomotive Baureihe 82 der Deutschen Bahn in Bewegung setzt. Die Augen der Kinder oder doch die der meist männlichen Erwachsenen? Öffnet die Gartenbahn der *Dampfbahnfreunde Friedrichsruhe* im kleinen Waldstück, gleich neben dem Bolzplatz, ihre Tore, ist jedenfalls »Strahlemann und Söhne« angesagt.

Auf gut 6.500 Quadratmetern öffnet sich ein Gelände, auf dem ordentlich Dampf gemacht wird. 1.200 Meter Gesamtgleislänge beherbergen die Friedrichsruher in einem idyllischen Areal mitten unter alten Bäumen. Von Mai bis Oktober, an jedem ersten Sonntag des Monats, werden die Dampfloks samt Waggons in Bewegung gesetzt. Mitfahren erwünscht, und natürlich sind die Plätze heiß begehrt! So eine Gartenbahn hat ja schon ihren eigenen Reiz.

Seit über 50 Jahren zieht man hier schon die Runden. Und damit stellen die *Friedrichsruher Dampfbahnfreunde* einen der ältesten Vereine dieser Art in Deutschland. Dass auch einige Raritäten über die Gleise gleiten, ist daher nicht weiter verwunderlich. So ziehen die leider raren Friedrichsruher Fahrtage Bahnbegeisterte aus ganz Deutschland und gar angrenzenden Nachbarländern an. Stolz werden die mitgebrachten eigenen Loks präsentiert.

Dass man sich gut kennt und vernetzt ist im europäischen Miniaturbahnnetz, zeigt auch das jährliche Lichterfest in Friedrichsruhe. Zu diesem Anlass wird die Friedrichsruher Gartenanlage zum abendlichen Treffpunkt für Dampfbahnfreunde. Und bei diesem Ereignis ist auch die Runde auf den Gleisen noch einen Tick schöner, wenn im Schein zahlreicher Lichterketten Kinder- und meist Väteraugen um die Wette strahlen.

Hier geben richtig große Dieselloks den Ton an und bei den Fahrtagen der *Jagsttalbahnfreunde e.V.* ist die Mitfahrt im Museumszug für Nostalgieseelen deshalb ein Muss.

18

Wald- & Schlosshotel Friedrichsruhe
Kärcherstraße 11
74639 Zweiflingen-Friedrichsruhe
07941 60870
www.schlosshotel-friedrichsruhe.de

Golf-Club Heilbronn-Hohenlohe e.V.
Neuer Garten 2
74639 Zweiflingen-Friedrichsruhe
07941 92080
www.golfclub-heilbronn.de

BADEN IN GOLD

Wald- und Schlosshotel Friedrichsruhe

»Oligomere Procyanidine«: Zugegeben, der Begriff klingt irgendwie sperrig, etwas abstrakt. Dahinter verbirgt sich ein Stoff, der in den vergangenen Jahren Furore machte. »OPC« gelten als natürliche Radikalenfänger und sind Bestandteil von Weintrauben. Vor allem im Beerenkern steckt dieser von der Wissenschaft zertifizierte Anti-Aging-Stoff. Und kalt gepresst aus den Traubenkernen, entsteht ein wertvolles Öl, auch »grünes Gold« genannt.

Im luxuriösen Spa des Wald- und Schlosshotels Friedrichsruhe kommt das Traubenkernöl in der kosmetischen Behandlung zum Einsatz. »SanVino« heißt dort ein besonderes Pflegekonzept mit natürlichen Produkten direkt aus dem Weinberg: Extrakte des Hohenloher Rotweins, Traubenkerne aus der Region und eben hochwertiges kalt gepresstes Traubenkernöl. Geradezu eintauchen in die exklusive Weinpflege kann man beim »Badhaus Ritual«, das nach dem Vorbild der antiken Badekultur der Römer konzipiert ist. Nach einem Dampfbad folgt eine die Durchblutung fördernde Bürstenmassage mit viel sahnigem Seifenschaum. Anschließend steigt man in ein vitalisierendes Pflegebad mit Extrakten des Rotweins und der Weinhefe. Den krönenden Abschluss bildet die »SanVino«-Traubenkernölmassage.

Das Wald- und Schlosshotel Friedrichsruhe zählt zu den exquisiten »Feinen Privathotels«, und während man im herrlichen Spa des Resorts die Seele baumeln lassen kann, steht das Gourmet-Restaurant *Le Cerf* für höchste kulinarische Genüsse. Küchenchef Boris Rommel begeistert Feinschmecker aus aller Welt und kann sich mit hohen Auszeichnungen schmücken, unter anderem mit zwei Sternen im *Guide Michelin* und 17 Gault-Millau-Punkten. Vom Fachmagazin *Rolling Pin* wurde er 2018 zum »Aufsteiger des Jahres« gekürt, und 2022 wurde der kreative Küchenkünstler schließlich »Koch des Jahres«.

Kulinarische Highlights und luxuriöse Wellness – da fehlt nur noch Bewegung! Auf zum 27-Loch-Platz des *Golf-Clubs Heilbronn-Hohenlohe e.V.!*

19

Limes-Blick am Pfahldöbel
An der K2330
Via: Schießhofer Straße
74639 Zweiflingen
www.limes-in-hohenlohe.de

Weygang-Museum
Karlsvorstadt 38
74613 Öhringen
07941 35394
www.weygang-museum.de

WEITSICHT AM RÖMISCHEN WALL

Limes-Blick am Pfahldöbel

Am Anfang sorgte die ungewöhnliche Architektur noch für Aufsehen, mittlerweile sind sich alle einig: Die Aussichtsplattform am Pfahldöbel in Zweiflingen ist ein Besuchermagnet. Auf dem am Limes gelegenen, futuristischen Plateau eröffnen sich grenzenlose Ausblicke.

Am Weltkulturerbe Limes liegen die Hohenloher Gemeinden Mainhardt, Pfedelbach, Öhringen, Zweiflingen, Forchtenberg, Jagsthausen und Schöntal. Die 2014 am Pfahldöbel in Zweiflingen errichtete Aussichtsplattform ist einer der drei »Limes-Blicke«, die den berühmten römischen Grenzwall in Hohenlohe in den Fokus rücken. »Den schurgeraden Verlauf erlebbar machen«, lautete das Credo, das die Kommunen Öhringen, Pfedelbach und Zweiflingen damit auf den Weg brachten. Die modernen Bauwerke aus Stahl entstanden mit EU-Geldern im Rahmen der »Förderkulisse Limesregion Leader« und verstehen sich als zeitgemäßer Kontrast zu den einstigen Wachtürmen als historische Vorbilder. 11,5 Kilometer können vom Pfahldöbel mit dem bloßen Auge erfasst werden. Das Panorama reicht weit über das Öhringer Becken bis zu einer Hangkante im Wald bei Pfedelbach-Gleichen. Und wenn es ein »Limes-Blicker« ganz genau nehmen will, nimmt er das Fernrohr zur Hilfe.

Während der Limes andernorts in Hohenlohe verschwunden ist, finden sich am Pfahldöbel noch gut erhaltene Überreste. An dieser Stelle war der Grenzwall einst neun Meter breit und zwei Meter hoch, davor lag ein acht Meter breiter und zweieinhalb Meter tiefer Graben. Auf rund 500 Metern kann man den Limes heute noch bestaunen. Die Panoramakarten und Tafeln an der Aussichtsplattform geben zudem Informationen über den einstigen Verlauf. Und aus erster Hand bekommt man Einblicke in die römische Geschichte bei einer Wanderung mit einem Limes-Cicerone, einem geprüften Gästeführer.

Besuchen Sie den Römerkeller im Weygang-Museum in Öhringen. Hier gibt es Originalfunde zu sehen.

20

Kulturbahnhof Neuenstein e.V.
Bahnhof 1
74632 Neuenstein
0172 9064483
www.kulturbahnhof-neuenstein.de

Künstlerkneipe Gleis 1 e.V.
Bahnhof
74638 Waldenburg
07942 940922
www.gleis1.net

KLEINKUNST, MUSIK UND KABARETT

Kulturbahnhof Neuenstein

»Kulturfrühstück mit Chrismas Crime Stories«, »Liedermacher und Comedian Ernst Mantel gastiert mit neuem Programm«, »Musik zur Kaffeestunde mit dem Trio Tiffany«, »Jazz-Matinee auf dem Bahnhofsvorplatz« – das sind nur einige Schlaglichter aus dem Programm des *Neuensteiner Kulturbahnhofs* der vergangenen Jahre.

Seit 2014 bereichert die Kulturstätte das Leben in der Region. Ihre Vorgeschichte ist lang und reicht bis in das Jahr 2005 zurück. Damals hatten unterschiedliche Neuensteiner Interessengemeinschaften auf der Suche nach einem Domizil den renovierungsbedürftigen Bahnhof ins Visier genommen. Zusammen mit der Stadt wurde der *Förderverein Kulturbahnhof e.V.* gegründet. 2006 wurde schließlich die Sanierung und der Umbau bewilligt und damit ein neues Nutzungskonzept des Bahnhofs, der im Jahr 1862 als wichtiger Knotenpunkt zwischen Heilbronn und Schwäbisch Hall eingeweiht worden war.In einer Bauzeit von sieben Jahren und mit einem enormen Pensum an Eigenleistung der Vereinsmitglieder entstand eine Kulturstätte. Dort, wo einst Fahrgäste ihre Karten kauften und auf den Zug warteten, wird heute in einem Veranstaltungssaal Kleinkunst, Musik und Kabarett eine Bühne geboten.

Im Frühsommer 2022 startete der Kulturbahnhof schließlich mit einem neuen Format: Kultur trifft Streetfood. Neben Gitarrenakustik regionaler Musiker werden hausgemachte Leckereien aus regionalen Zutaten geboten. Musik trifft Kulinarik – ein Konzept das alle Sinne anspricht.

Erleben Sie »Musik und Kunst hautnah« und nur wenige Kilometer weiter: *Gleis 1*, Künstlerkneipe und Kunstbahnhof in Waldenburg, ist seit Jahrzehnten eine feste Institution in der Region Hohenlohe. Der gemeinnützige Verein stellt seit 1998 ein vielseitiges Kulturprogramm auf die Beine.

Knabenkraut, Eisvogel und Rotmilan

Paradiesisches Land auf Erden

»Das Fürstentum Hohenlohe ist einer der schönsten Edelsteine in Württembergs Krone. Ein Ländchen, das alles aufzuweisen hat. Es ist ein schönes Hügelland mit malerischen Tälern, auf der Sommerseite stundenlange Weinberge, auf der Winterseite fruchtbare Ackerfelder, und auf den Höhen herrliche Waldungen«, so schwärmte Karl Julius Weber um 1828 in seinem Band *Deutschland, oder Briefe eines in Deutschland reisenden Deutschen*. Gut, der Schriftsteller war Hohenloher, da liegt es nahe, dass er seinem heimatlichen Boden zugetan war. Und ganz klar, sein Leben und damit seine Aufzeichnungen sind nun schon fast zwei Jahrhunderte alt. Aber ich kann Ihnen sagen: Es hat sich bis heute nichts geändert! Und die Liebeserklärung des Langenburger Poeten werden Sie garantiert unterschreiben, wenn Sie hier die Täler durchwandern, auf einem der vielen Adelssitze hoch oben auf den Berghöhen den Blick über das Hohenloher Land schweifen lassen oder einfach im Gras einer Streuobstwiese sitzend dem Himmel nahe sind.

Rund 50 Naturschutzgebiete sind in der Region Hohenlohe ausgewiesen. Über 20 sind es allein im Hohenlohekreis, darunter Brettachtal, Viehweide bei Öhringen-Michelbach und St. Wendel zum Stein in Dörzbach. Der Landkreis Schwäbisch Hall wirft gut noch mal so viele in die Waagschale, wie beispielsweise das Untere Bühlertal, den Crailsheimer Eichwald oder die Grimmelsbachmündung bei Braunsbach. Und zudem kann die Region Liebliches Taubertal des Main-Tauber-Kreises mit den Steinriegellandschaften bei Weikersheim oder dem Holzberg bei Creglingen punkten. Alle Naturräume bieten Rückzugsmöglichkeiten für seltene Tiere und Nährboden für rare Pflanzenarten. So lassen feuchter Magerrasen, Quellmoore oder lichte Wälder mit leicht saurer Erde das seltene gefleckte Knabenkraut wachsen. Die Viehweide in den Waldenburger Bergen ist solch eine Heimat dieser besonders geschützten Wildpflanze. Und bitte: Dass man in diesen überaus besonderen Landschaftsformen als Wanderer sein Augenmerk sorgsam auf Schritt und Tritt legen sollte, versteht sich von selbst!

Einem, dem man definitiv nur in meditativer Stille begegnen wird, ist der Eisvogel. Lebensraum des farbenprächtigen Gesellen ist neben den Schutzgebieten an der Jagst die Gegend an der Tauber. Hier lässt er sich wunderbar entdecken und bestaunen, beispielsweise bei eine Dreitagekanutour von Bad Mergentheim nach Wertheim. Wenn Sie im Kanadier ruhig und gemächlich übers Wasser gleiten und über Ihnen fast kein Himmel mehr in Sicht ist, weil sich dicht wachsende Bäume am steil abfallenden Ufer dem Licht entgegenstrecken, werden Sie diesen blautürkisfarbenen schillernden Fischjäger bei seinen Tauchzügen beobachten können. Blitzschnell stößt er von einem Ansitz irgendwo auf einem überhängenden Ast ins Wasser, um dann genauso flugs mit der zappelnden Nahrung im Schnabel dorthin zurückzukehren. Gerade an den unzugänglichen Passagen der Tauber kann der spatzengroße Vogel ideal seine Beute ins Visier fassen. Der »fliegende Edelstein«, wie er auch genannt wird, ist ein Indikator für natürliche Auenvegetation und saubere Gewässer.

Und noch einem weiteren gefiederten Räuber ist das Hohenloher Naturparadies eine Heimat: dem flinken Rotmilan. Der Greifvogel, der auf der Roten Liste gefährdeter Arten steht, liebt vor allem die Weite der Region, also die großzügigen Landschaften mit niedrigem Pflanzenwuchs. Streuobstwiesen zählen dazu, überschaubare Kulturflächen wie die Mischgebiete von Ackerland und kleineren Siedlungen. Hier zieht er ruhig seine Kreise am Himmel – und ist in den letzten Jahren auch zum Politikum geworden. Denn die weiten Flächen Hohenlohes, vor allem die Hügellandschaften, sind geradezu prädestiniert für Windkraftanlagen. Studien des *NABU* belegen allerdings, dass der Rotmilan-Bestand schwindet mit der Zunahme von Windrädern. Und so könnte bei weiteren Planungen der Energiemaschinen dieser majestätische Greifvogel dazwischenfunken.

Gefahr droht aus eigenen Reihen: Steinkrebs und Flusskrebs, zwei heimische Arten in Hohenloher Gewässern, werden zunehmend zurückgedrängt vom nordamerikanischen Signalkrebs.

21

Naturschutzgebiete Obere Weide/Entlesboden
Via: Sailacher Straße
74638 Waldenburg

Naturschutzgebiet Viehweide
Parkplatz Viehweide
an der K2387
74613 Öhringen

BLÜHENDE PRACHT

Naturschutzgebiete in den Waldenburger Bergen

Ihre heutigen Namen verdanken die Viehweide, der Entlesboden und die Obere Weide gefräßigen Kühen und Schweinen. Wo ab dem 13. Jahrhundert des Menschen Nutztiere grasten, florieren heute Arnika, Wollgras und Orchideen. Die drei vom Land Baden-Württemberg ausgewiesenen Naturschutzgebiete in den Waldenburger Bergen sind von einstigen Viehweiden zur Augenweide aufgeblüht.

Es ist eine Waldfläche, die eigentlich mehr nach Park aussieht. Vor allem die Birken geben dieser Gegend die lichte Leichtigkeit. Die Waldheide entstand einst aus der Armut der Bevölkerung, denn vor Jahrhunderten war die Landwirtschaft rund um Waldenburg kärgliches Brot, gaben doch die Sandböden nicht viel her. Mensch und Vieh hatten wenig zu futtern, also benötigte man die Böden rund um die Dörfer für den Ackerbau. Ziegen, Schafe, Rinder und Schweine wurden da kurzerhand in die umliegenden Laubwälder gebracht, wo die Früchte der Eichen und Buchen ein gefundenes Fressen waren. Doch nicht nur daran tat sich das Vieh in den Waldenburger Bergen gütlich, es machte sich ebenso über das Gras und vor allem über die jungen Triebe her. Keine Chance für kleine Bäumchen zu wachsen, und so entstanden immer lichtere Wälder. Heute prägen wenige mächtige Eichen und Buchen sowie mehrere Birken das Landschaftsbild. Letztere konnten sich unbehelligt ausbreiten, denn ihr Laub mundete den Tieren sowieso nicht.

Bis in die Mitte des 19. Jahrhunderts grasten die Tiere auf der Viehweide. Schließlich verschwanden sie mit dem Ende der Stallhaltung aus dem Laubwald. Doch damit seltene Pflanzenarten wie geflecktes Knabenkraut, Wiesen-Wachtelweizen oder Färbeginster auch weiterhin auf abgegrasten Böden ideal gedeihen können, schickt man heute abermals Vieh in die Waldenburger Berge. Auf behördliche Anordnung weiden jetzt wieder Kühe und Ziegen im Naturschutzgebiet.

Wald und Weide beherbergen auch Wasser: Achten Sie auf kleine, versteckte Teiche. Im Sommer sind sie durch das Quaken der Frösche leicht zu finden.

22

Stadtführung durch Waldenburg
Hauptstraße 13
74638 Waldenburg
07942 10825
www.waldenburg-hohenlohe.de

Atelier Hildegard Hage
Hauptstraße 29
74638 Waldenburg
07942 2487

DEM HIMMEL EIN STÜCK NÄHER

Altstadt

Verliebt habe sie sich sofort, oder wie Hildegard Hage selbst sagt, »von der ersten Stunde an«. Jahrzehnte liegt das bereits zurück. Damals saß die Wahlwaldenburgerin zum ersten Mal auf der Stadtmauer des Luftkurortes auf über 500 Meter Höhe, schaute übers weite Land und nach oben: »Da wusste ich, jetzt bin ich dem Himmel ein Stück näher.«

Diese erste Liebe zu Waldenburg sei geblieben, sagt die ehemalige Studienleiterin, die heute als Kunstschaffende in ihrem Atelier mit kleinem Laden ihre Fertigkeiten im Filzen, Färben oder auch Seifensieden mitten in der Altstadt umsetzt. Eine andere Heimat als diese in luftiger Höhe könne sie sich nie und nimmer vorstellen.

Mit genau 505 Metern über NN ist Waldenburg der einzige Luftkurort im Hohenlohekreis und wird liebevoll »Balkon Hohenlohes« genannt. Weithin sichtbar ist die Silhouette und wird vor allem durch das imposante Schloss geprägt, das von der Fürstenfamilie zu Hohenlohe-Waldenburg bewohnt wird. Dass das Städtchen in den letzten Tagen des Zweiten Weltkrieges fast vollständig zerstört wurde, ist heute glücklicherweise nicht mehr zu erahnen. Für den gelungenen Wiederaufbau mit den schmucken Häusern steht der Phönix-Brunnen auf dem Marktplatz.

Historisches wie Gegenwärtiges erfahren Gäste bei einer der offenen Stadtführungen, die von Mai bis September angeboten werden. Freilich: Entdecken können Sie die Altstadt auch selbst, am besten vom Innenhof des malerischen Schlosses über den Marktplatz und entlang der Kirche bis zum Lachnerturm. Dort steigen Sie die 100 mittelalterlichen Treppen hoch. Es lohnt sich, der Ausblick ist grenzenlos!

Schöne Aussicht ins Hohenloher Land, und das wohltuend in Dauerschleife, erleben Sie auf dem Höhenrandweg um die Stadt Waldenburg.

23

Kupfertal Neufels
Ausgangspunkt:
Neufelser Mühle
74632 Neuenstein-Neufels

Restaurant Ochsengarten
Öhringer Straße 15
74670 Forchtenberg
07947 9432523
www.ochsengarten-restaurant.de

SAGENHAFTE LANDSCHAFT

Kupfertal bei Neufels

Eigentlich ist es immer und zu (fast) jeder Jahreszeit schön: Wandern im Kupfertal. Auf einer Strecke erschließt man sich das Tal von Neufels nach Forchtenberg – und wieder zurück. Eine entspannte Tagestour, die, vor allem an Wochentagen, wenig frequentiert wird und Einklang mit der Natur (fast) garantiert.

Zu empfehlen ist die Tour im Frühsommer, wenn der Bärlauch üppig weiß blüht und feiner Knoblauchduft in der Luft liegt. Und wenn Ihnen ein bisschen nach Abenteuer zumute ist, gehen Sie einfach abseits des ausgezeichneten Wanderweges immer entlang des Flüsschens, welches dann auch öfter überquert werden muss. In dem Fall sollten Sie Wander- oder Sportschuhe einpacken, die nass werden dürfen. Bei sommerlichen Temperaturen geht es sich ohnehin am besten barfuß durch die Kupfer.

Schließlich kommen Sie zu einer kleinen Brücke, ein schöner Platz, um eine Rast einzulegen. Allerdings ist es ein Ort mit grauenhaftem Hintergrund. Den Schwarzen Steg umgibt eine alte Sage um eine schreckliche Gräueltat. Einst lebte ein Köhler im Hermersberger Forst, welcher der Wilderei bezichtigt wurde. Graf Robert zu Hermersberg bestrafte den Mann. Als daraufhin die Gräfin samt Titelerben eines Tages an der Kupfer entlangritt, nahm der Wilderer dem Stammhalter aus Rache das Leben. Vor Entsetzen starb auch die Gräfin und letzten Endes richtete sich der Köhler vor Ort selbst.

Nachdem 2012 die Holzbrücke aus Sicherheitsgründen vollständig abgebaut werden musste, wurde der Schwarze Steg noch im selben Jahr neu errichtet. Dank einer kräftigen Finanzspritze von Prof. Reinhold Würth, seines Zeichen passionierter Wanderer.

Kehren Sie in Forchtenberg ein: Der *Ochsengarten* bietet neben bodenständigen Speisen eine Vielzahl an Steinofenpizzen und Flammkuchen.

24

Carmen Würth Forum mit Skulpturengarten
Am Forumsplatz 1
74653 Künzelsau-Gaisbach
07940 153200
www.carmen-wuerth-forum.de

Museum Würth
Reinhold-Würth-Straße 15
74653 Künzelsau
07940 152200
www.kunst.wuerth.com/de/portal/startseite.php

SCHILLERNDE KUNSTLANDSCHAFT

Skulpturengarten *Carmen Würth Forum* in Gaisbach

Da tanzt sie, die eindrucksvolle *Nana dansante bleue* der Künstlerin Niki de Saint Phalle, weithin sichtbar auf dem grünen Hügel. Man kann sich ihr schwer entziehen, ob von Künzelsau kommend oder von Kupferzell aus auf der Bundesstraße 19. Sie thront direkt gegenüber dem Sitz der Firmenzentrale Würth, dem weltgrößten Unternehmen für Befestigungstechnik.

Die meterhohe farbenprächtige Skulptur eines weiblichen Körpers ist nur eines der über 50 Werke der Ausstellung im Skulpturengarten des *Carmen Würth Forums*. 2017 wurde die Kunst im Freien installiert und 2020, anlässlich der Fertigstellung des Kongress- und Kulturzentrums, kamen zahlreiche weitere Skulpturen dazu.

Sie sollten Ihr Fahrzeug abseits der B19 auf einem der Parkplätze am *Carmen Würth Forum* stehen lassen und sich mit möglichst viel Zeit, innerer Ruhe und vor allem einer großen Portion Neugierde auf den Weg machen. Kein vorgeschriebener Pfad, keine festgetretenen Wege. Es geht quasi querfeldein rund um das – schon für sich betrachtet – beeindruckende Gebäude von Architekt David Chipperfield. Und Sie sollten idealerweise den Skulpturengarten bitte nicht nur einmal, zweimal oder selbst dreimal besuchen. Der Blick auf diese wirklich eindrückliche Kunstlandschaft fällt je nach Jahres- und Tageszeit völlig unterschiedlich aus. Sind es einmal die Lichtreflexe an einem frühen Oktobermorgen, hüllt die klirrende Kälte die schneebedeckten Skulpturen in eine andächtige Atmosphäre, während die Stimmung nach einem abendlichen Sommergewitter nahezu greifbar ist und im März die Farben mit der umgebenden Natur neu erblühen. Immer, wirklich immer zeigen sich die Kunstwerke von einer anderen Seite. Und das ist der wirkliche Reiz des Skulpturengartens. Man kann, soll, muss ihn einfach mit allen Sinnen erleben.

»Weitblick. Reinhold Würth und seine Kunst«. Ja, unbedingt! Werfen Sie regelmäßig einen Blick auf die Website der Würth-Kunst. Neben den zahlreichen Museen gibt es immer wieder bemerkenswerte Ausstellungen und Veranstaltungen zu entdecken.

25

Markt Künzelsau
Hauptstraße 53–85
74653 Künzelsau
07940 129312
www.kuenzelsau.de

ALLERLEI TRADITION

Wochenmärkte am Unteren Markt

Den Dienstag und den Freitag haben die Künzelsauer fest im Kalender angekreuzt. An diesen Tagen werden schließlich am Unteren Markt in der Hauptstraße die Verkaufsstände aufgestellt. Frisch geräucherte Forellen? Ingwer aus Hohenlohe? Italienische Antipasti oder Obst und Gemüse aus Bioanbau? Die Marktbeschicker haben allerlei Waren im Gepäck. Und immer bieten die Markttage eine willkommene Gelegenheit, um ein Schwätzchen zu halten und sich auszutauschen.

Märkte blicken in Künzelsau auf eine lange Tradition zurück, die bis ins 14. Jahrhundert reicht. Einer davon ist der »Maddäsle«, der jährliche Matthiasmarkt. Über 360 Jahre alt ist dieser Krämermarkt. Der heilige Matthias als Patron der Metzger, Bauhandwerker, Schneider, Schmiede und Zuckerbäcker ist der Namensgeber und der Gedenktag des Apostels, der 24. Februar, das feste Datum. Zu früheren Zeiten galten Jahrmärkte oftmals als einzige Gelegenheit, sich mit Dingen des täglichen Bedarfs einzudecken oder eine Vielzahl an Dienstleitungen – vom Kesselflicken bis zum Scherenschleifen – in Anspruch zu nehmen.

Heute locken die drei Künzelsauer Krämermärkte – neben dem Matthias- der Johannes- und der Simon-Judäa-Markt – in jedem Jahr eine Vielzahl an Besuchern an. Neben Gewürzen, Alpakawolle oder gusseisernen Pfannen werden kulinarische Leckereien wie gebrannte Mandeln, Liköre, Crêpes oder Grillwürste feilgeboten.

Doch Künzelsau ist auch abseits der Markttage eine liebenswerte Einkaufsstadt mit besonderem Flair. Die Hauptstraße ist gesäumt von schönen Läden, die zum Bummeln einladen. Und auch in den Nebengassen lässt sich einiges entdecken. Viele Geschäfte sind noch inhabergeführt und überzeugen durch ein Sortiment, das sich wohltuend von so manchem Einheitsbrei abhebt.

Sommer in der Stadt: Von Ende Juni bis Anfang September ist die Künzelsauer Innenstadt immer donnerstags Bühne für Livemusik.

26

Kocherfreibad an den Wertwiesen
Badplatz 1
74653 Künzelsau
07940 1290
www.kuenzelsau.de

Theater im Fluss Künzelsau e.V.
74653 Künzelsau
07940 58572
www.theater-im-fluss.com

NATURNAHES PLANSCHEN

Kocherfreibad an den Wertwiesen

Die Schwimmstätte am Kocher ist wahrhaftig kein 0815-Bad. Statt Sprungturm, 25-Meter-Bahn und dem typischen kontinuierlichen Freibadlärmpegel erleben Gäste Planschvergnügen in fließendem Gewässer, während sich Enten am naturnahen Ufer tummeln und sichtlich Spaß haben, sich nach dem eigenen Nassvergnügen watschelnd einen Platz auf der großzügigen Grünfläche zu erobern. Dieser außergewöhnliche schöne Flecken Erde darf sich einziges Flussfreibad in Baden-Württemberg nennen und ist eines der ganz wenigen seiner Art in Deutschland.

Scheint im Sommer die Sonne kräftig, spenden die vielen Bäume wohltuenden Schatten. Das Kocherfreibad ist wirklich die Sommeradresse in Künzelsau, und doch liegen die Gäste auf ihren Handtüchern nicht Reihe an Reihe. Schon mit den Umbauten im Jahr 2009, die eine Modernisierung des Sanitär- und Umkleidebereich sowie ein großes Kinderplanschbecken und ein Beachvolleyballfeld mit sich brachten, wurde kräftig aufgerüstet. Mit dem Naturschwimmbecken wurde die Anlage an den Wertwiesen 2020 um ein weiteres Highlight reicher.

800 Quadratmeter misst das Areal, welches mit dem Wasser aus dem Kocher gespeist wird. Das Flusswasser passiert zunächst eine Pflanzenfilteranlage, bevor das 1,30 Meter tiefe Nichtschwimmerbecken damit gefüllt wird. Dabei wird komplett auf Chlor und andere chemische Reinigungszusätze verzichtet. Umrahmt von der mit Sand aufgeschütteten Bucht garantiert das Eintauchen ins Kocherwasser Badevergnügen pur.

Theater im Fluss setzt dem Idyll am Wasser die Krone auf. Die großartige Künzelsauer Laienspielgruppe nutzt das Kocherfreibad erfolgreich als Bühne.

27

Hotel-Restaurant Anne-Sophie
Hauptstraße 22–28
74653 Künzelsau
07940 93460
www.hotel-anne-sophie.de

Kulturhaus Würth
Schnurgasse 8
74653 Künzelsau
07940 154040
www.kulturhaus-wuerth.de

EIN STERN FÜR BESONDERE HERZLICHKEIT

Hotel-Restaurant Anne-Sophie

Ingo Rudolph kam in den 1980er-Jahren gesund zur Welt. Mit acht Jahren hatte er im Sportunterricht einen Unfall, von dem er schwere Kopfverletzungen davontrug. Dadurch hat er heute Einschränkungen in der Motorik, Haltungsschäden und Gedächtnisschwierigkeiten. 2004 machte er eine Ausbildung zur Fachkraft in der Gastronomie im Hotel-Restaurant Anne-Sophie in Künzelsau. Hier wird das Miteinander von Menschen mit und ohne Behinderung gelebt.

»Jeder hilft jedem und ist für den anderen da. Man kennt Stärken und Schwächen des anderen«, erzählt Ingo Rudolph. Gut 60 Mann und Frau stark ist das Team, ein Drittel hat ein Handicap. Damit ist das »Anne-Sophie«, wie es kurz und liebevoll genannt wird, eines der wenigen Projekte bundesweit, bei denen behinderte Mitarbeiter unter fachlicher Anleitung tätig sind. Gemeinsam mit der *LebensWerkstatt*, einer karitativen Einrichtung in Heilbronn und Hohenlohe, entwickelte Carmen Würth, die Ehefrau des Unternehmers und Kunstförderers Reinhold Würth, das Konzept. »Der Ursprung dieses Hauses, die Idee dazu«, so ihr Leitspruch, »ist nicht im Kopf entstanden, sondern kommt aus dem Herzen.«

Das Hotel liegt zentral, mitten in der ruhigen, romantischen Altstadt von Künzelsau. Und es hat wirklich alles, was ein modernes Hotel an Komfort braucht: Tagungsräume, ansprechende Zimmer, einen Wohlfühlbereich und zwei Restaurants – das »Anne-Sophie« mit regionaler Ausrichtung und das »handicap« mit gehobener Küche. Das Küchencheftrio Tobias Pfeiffer, Jan-Sören Hoch und Sebastian Wiese kann mitsamt seiner Mannschaft auf Auszeichnungen in namhaften Gourmetführern stolz sein. Nehmen Sie sich unbedingt auch eine Auszeit im kleinen, feinen Tagescafé *Auszeit*, um dann mit Muße im angrenzenden *lindele* Schönes zu finden.

Im benachbarten Kulturhaus Würth ist die Privatbibliothek von Carmen Würth untergebracht. Sehenswert!

28

Mustang-Museum
Austraße 10
74653 Künzelsau
0170 9261601
www.mustang-jeans.com/de-de/museum

Mustang Outlet Künzelsau
Würzburger Straße 48
74653 Künzelsau
07940 92520

HOHENLOHER SCHNAPS UND EINE JEANS

Mustang-Museum

Es war ein Franke, der die Jeans erfand: Levi Strauss, der in die USA auswanderte, ist wohl nicht nur bekennenden Blauenhosenträgern ein Begriff. Aber wissen Sie, dass es ein Hohenloher Franke war, der zur Zeit des Wirtschaftswunders die Jeans hierzulande salonfähig machte? Albert Sefranek, geboren in Nürnberg, ist Künzelsauer und Gründer der Mustang-Marke.

Den Grundstein für das deutsche Jeanswunder legte der 2014 im Alter von 91 Jahren verstorbene Albert Sefranek im September 1948. Damals war er gerade als junger verheirateter Mann in das Bekleidungsunternehmen seiner Schwiegermutter Luise Hermann eingestiegen. Der experimentierfreudige Macher begab sich mit sechs Flaschen besten Hohenloher Schnaps' auf den Weg nach Frankfurt. Am Main angekommen, traf er in einer Bar auf einen US-Amerikaner, mit dem er den Selbstgebrannten gegen sechs paar Beinkleider aus dem fernen Land tauschte. Die blauen Arbeiterhosen trennte er dann am heimischen Schneidertisch auf und entwickelte daraus – gegen den Willen der Schwiegermutter – seine eigenen Schnittmuster. Dies war die Geburtsstunde der ersten deutschen, sogar europäischen Jeans – made in Hohenlohe. Die Hose aus robuster Baumwolle machte schnell Furore, der erste Großauftrag überzeugte schließlich auch die Firmengründerin.

Zehn Jahre nach seinem Deal in einer Frankfurter Bar ließ Sefranek die Marke Mustang ins Schutzregister eintragen. Die Unternehmensgruppe ist natürlich noch immer in Künzelsau verwurzelt. Im ehemaligen, 1932 erbauten Wohnhaus und Firmensitz der Hermanns ist heute das Mustang-Museum untergebracht. Neben Jeansoriginalen aus der Nachkriegszeit kann man hier die historische Nähwerkstatt bewundern. Mit Zeitschriften, Filmsequenzen und Bildern rund um den Mythos der blauen Hose sowie ausführlichen Exkursen über die verschiedenen Veredlungstechniken lassen sich hier glatt Stunden verbringen.

Schnäppchenjäger aufgepasst: Das Mustang-Jeans-Outlet in Künzelsau ist eine Fundgrube für neuzeitliche Beinkleider und vieles mehr.

Die Hand an der Deichsel hatte Reinhold Würth in den Jahren nach dem Zweiten Weltkrieg. Schon als kleiner Bub musste er in jener schweren Zeit seinem Vater Adolf Würth zur Hand gehen und mit einem Leiterwagen landauf, landab reisen, um Schrauben zu verkaufen. Ein hartes Brot. Nach dem frühen Tod des Vaters war der damals 19-Jährige schließlich gefordert und übernahm das Ruder des noch jungen Familienbetriebs in Künzelsau. Ehrgeizig steuerte er die Position als Weltmarktführer an. Heute ist die *Würth-Gruppe* nicht nur eine überragende Größe am globalen Schraubenmarkt und Reinhold Würth Milliardär – der betagte Firmengründer ist sicher unbestritten die Galionsfigur der Hohenloher Unternehmer, die weltweit erfolgreich agieren. Übrigens: Den Leiterwagen gibt es noch, er steht als Museumsstück in der Würth-Zentrale in Künzelsau-Gaisbach.

Würth ist nicht die einzige Firma mit einer glorreichen Geschichte »made in Hohenlohe«. Die Dichte der Weltmarktführer in der Region kann sich sehen lassen und steht darüber hinaus fest verankert in der Statistik: In Hohenlohe sind die meisten »Global Players« landesweit angesiedelt! Unternehmen wie Albert Berner, auch ein Spezialist für Montage- und Befestigungsmaterial, oder EBM-Papst, Hersteller für Ventilatoren. Im gleichen Atemzug wären noch Ziehl-Abegg, Bürkert, Hornschuch oder Kriwan zu nennen. Und das ist nur die Spitze der weltweit bedeutenden Konzerne. So hat sich im östlichen Teil der Region, um Schwäbisch Hall und Crailsheim herum, die *Packaging Valley Germany* gegründet, ein Verein, dem eine Reihe von Weltmarktführern in der Verpackungsindustrie angehören.

Es spricht für die Hohenloher, dass sie diese Erfolgsgeschichten nicht ständig und überall hinausposaunen. Im Gegenteil: Der Hohenloher gibt sich zurückhaltend und vor allem bodenständig; ein eigener Menschenschlag, »schaffig«, ehrgeizig und zäh – manchmal stur, mitunter recht eigen. Vielleicht fällt es deshalb manch weltweit agierendem Konzerne nicht so leicht, Fachkräfte von außerhalb anzuwerben. Immerhin: 2018 nahm der *SWR* in einem Filmbeitrag die Region unter die Lupe und betitelte die Sendung: »Hohenlohe – ein Land der Superlative«!

»'s Land wie d'Leit – oder d'Leit wie's Land?«, sinniert »Molle« alias Frank Winkler, der Kopf der Hohenloher Mundartband *Annaweech*. Der Musiker und Gastronom steht – wie fast kein anderer – laut einer Umfrage für den typischen Hohenloher. Die Band *Annaweech* verpackt in ihren Dialektsongs geradezu hingebungsvoll Geschichten über das Hohenloher Land und die Leute. Und das kommt an, ganz klar, vor allem in den eigenen Hohenloher Reihen. Doch die Mundwerker sind auch andernorts im Radio zu hören und touren ab und an durchs Land. Da will ich Ihnen eine kleine Kostprobe aus ihrem Lied *Ih bin â Hohâloher* nicht vorenthalten: »Ih bin kon Schwôôb, ih bin kon Frank – i hob an Schlitz im Ohr. I wohn aa net im Bayernland – ih bin a Hohâloh'r. Wärddâberch hat uns kassiert, die Schwôôba hen z'ärscht g'lacht, bis heit hen's uns noch net dressiert, mir hen uns nix draus g'macht. Mir sin' a Land und hen a G'schicht – an eich'na Dialekt.« Sie verstehen jetzt nur Bahnhof? Gut, dass Sie gerade im Zug nach Hohenlohe sitzen!

Besuchen Sie auch eines der vielen Mundart-Theater in der Region – auch wenn Sie nicht jedes Wort verstehen, der Hohenloher Humor ist mitreißend.

29

Schloss Stetten
Burgallee 1
74653 Künzelsau
07940 987600
www.burgfestspiele-schloss-stetten.de

THEATER AUF DER STAUFERBURG

Schloss Stetten

Hi Stetten – hi Hohenlohe hieß das Premierenstück, verfasst von Wolfgang Freiherr von Stetten und aufgeführt auf dessen Familiensitz. Eigentlich sollte das Theater im Graben eine Eintagsfliege bleiben, doch die Künzelsauer Burgfestspiele auf Schloss Stetten überdauerten Jahrzehnte und sind heute eine wahre Erfolgsgeschichte.

Die Tierberger Fehde steht für einen jahrelangen Zwist der Grafen von Hohenlohe und den Rittern von Stetten. Schauplätze der Auseinandersetzungen von 1475 bis 1495 waren die Burgen Tierberg bei Braunsbach und Stetten. Letztere, zwischen 1180 und 1200 erbaut, gilt heute als die besterhaltene Stauferburg in Deutschland. Innerhalb ihrer alten Anlage ließen die Freiherren von Stetten 1715 das heutige Barockschloss errichten. In solch einer prächtigen Kulisse lässt sich selbstverständlich gut Theater spielen. Das erkannte man auch bei der 500-Jahr-Feier anlässlich der historischen Fehde, gründete einen Verein und rekrutierte für sechs Aufführungen Laienschauspieler aus der Region. Die zunächst provisorischen Zuschauerränge sowie die Bühne wurden schnell zu einem festen Bestandteil des Schlosses – und das mit jährlichem Wachstum!

Im Jahr 2011 wurde dem Spielort mit einer 300 Quadratmeter großen Bühne ein Facelifting verpasst, das sogleich dem ein Jahr später aufgeführten Stück *Die drei Musketiere* zugute kam. Die Degenkämpfer, allesamt Mitglieder des Künzelsauer Fechtklubs Würth, konnten – samt galoppierender Pferde – ihre Künste bestens in Szene setzen. Auch das heimatverbundene Stück *Der Postraub von Mäusdorf* brachte 2018 tosenden Beifall. Das Stück *Der Justizmord von Hall* aus dem Jahr 2023 stammt ebenso aus der Feder von Wolfgang Freiherr von Stetten und zeigt: Die Künzelsauer Burgfestspiele sind eine feste Größe im Hohenloher Kultur- und Veranstaltungskalender.

Sollten Sie sich schon über Ihren Altersruhesitz Gedanken machen, zu Schloss Stetten gehört auch eine großzügige Seniorenwohnanlage.

30

Georg-Fahrbach-Weg
Startpunkt:
An der Kelter
74653 Ingelfingen-Criesbach
www.hohenlohe.de/Reiseland/Wanderparadies/Georg-Fahrbach-Weg.html
www.kochertaler-geniessertour.de

Weinbaumuseum
Fritz-Müller-Straße 6–8
74653 Ingelfingen-Criesbach
07940 1230
www.ingelfinger-fass.de

Genussvoll wandern

Georg-Fahrbach-Weg in Criesbach

Dem Wandervolk muss man den Namen nicht erklären. Wer stramm durch die Gegend marschiert, weiß, dass Georg Fahrbach sich den Titel »erster Wanderer Deutschlands« verdient hat. Was vielleicht nicht ganz so bekannt ist: Er ist ein Hohenloher, seine Geburtsstätte liegt im Kochertal. In Criesbach beginnt der 120 Kilometer lange, nach ihm benannte Weg des Schwäbischen Albvereins, der bis nach Stuttgart-Uhlbach führt.

Keine Bange, ich will Sie gar nicht auf die sechstägige Tour mitnehmen. Bleiben wir in Hohenlohe und bereiten uns mit einer ersten kurze Strecke eine Gaumenfreude. Ja, Sie haben richtig gelesen! Mit Wein, Wandern und Schlemmen – das ist das Prinzip der jährlichen Kochertaler Genießertour. 17 Kilometer geht es immer am Südhang der Senke entlang mitten durch die Weinberge. Ein Stück kreuzt dabei auch den Fernwanderweg. Die Schuhe dürfen Sie schnüren, den Rucksack allerdings kann man getrost zu Hause lassen. Als Wegzehrung gibt es schließlich so leckere Gerichte wie Winzerbraten mit Spätzle, und der Flüssigkeitsverlust wird mit einem oder auch zwei Gläschen Kochertaler Wein ausgeglichen. Das Schlemmerwandern kommt an. Nach Schätzungen der Veranstalter sind in jedem Jahr mehrere Tausend Teilnehmer auf den Beinen, darunter auch viele überregionale Wandergruppen. Tendenz weiter steigend. Hier ebenfalls keine Bange: Auch die Genießertour gibt es in Etappen, sodass sie zum kürzeren Samstags- oder Sonntagsspaziergang heruntergebrochen werden kann. Aber vielleicht kommen Sie ja am Feinschmeckerwochenende, immer im August, auf den Geschmack. Nein, nicht kulinarisch, vielmehr sportlich! Dann auf zur Sechstagetour nach Stuttgart: Schritt für Schritt durch den Hohenlohekreis, den Naturpark Schwäbisch-Fränkischer Wald, durchs Remstal bis in die Landeshauptstadt. Für diese Strecke dürfen Sie dann auch den Rucksack packen!

Europas zweitgrößtes Fass steht in Ingelfingen, wozu auch Criesbach gehört. Das Weinbaumuseum des Unternehmers Fritz Müller ist mehr als sehenswert.

81

Schlossruine Forchtenberg
Am Hans-und-Sophie-Scholl-Pfad
Kreuzweg 11
74670 Forchtenberg
www.forchtenberg.de

Winklers Weinstube
Bahnhofstraße 25
74670 Forchtenberg
07947 366
www.winklers-weinstube.de

Rosen auf der Burg

Schlossruine

Wann Konrad von Dürn, Herr von Wülfingen, genau den Grundstein für seine Burg legte, ist ungewiss. 1234 stand sie jedenfalls bereits stolz überm Kocher, und Forchtenberg war damit gegründet. Bergab ging es mit der Dürnschen Burg jedoch im Dreißigjährigen Krieg, als die Prunkgemäuer zerschossen wurden. Zunächst noch von Interesse für das Fürstenhaus Hohenlohe, wurde die baufällige Festung schließlich 1850 verkauft und zerfiel danach zusehends. 1989 fasste sich die Stadt Forchtenberg ein Herz, nahm das Landesdenkmalamt mit ins Boot und sanierte das historische Wahrzeichen. Allerdings: Die Schlossruine blieb eine Ruine, nur eben unter Denkmalschutz. Heute ist sie Erholungsort, Kulisse für kulturelle Veranstaltungen und ein Wegpunkt auf dem Hans-und-Sophie-Scholl-Pfad in Forchtenberg.

Der gut einstündige Rundwanderweg beleuchtet die Lebensspuren der Geschwister Scholl. Vater Robert Scholl war von 1920 bis 1930 Stadtschultheiß in Forchtenberg, seine Tochter wurde am 9. Mai 1921 im heutigen Ratssaal geboren. Im Jahr 2006 wäre die 1943 vom Nazi-Regime zum Tode verurteilte Widerstandskämpferin 85 Jahre alt geworden. Zum Gedenken an die Forchtenbergerin und ihren Bruder errichtete die Stadt den Rundwanderweg, auf dem an jeder Station als Symbol der Erinnerung weiße Rosen gepflanzt sind. Auf der Schlossruine dürfte das berühmte Geschwisterpaar nur heimlich gespielt haben. Damals war das Bauwerk in Privatbesitz, zudem ließ Stadtschultheiß Scholl den Zugang sperren, weil die Keller stark baufällig waren.

Heute dient die Burg immer wieder auch als Bühne für vielerlei Veranstaltungen, wie beispielsweise Gottesdienste im Grünen, Sommer-Open-Air-Kino oder Kinder- und Jugendferienfreizeiten.

Da müssen Sie hin: zur *Winklers Weinstube!* Sigrid kocht begnadet, und Frank alias »Molle« gibt bei besten Tropfen eine Kostprobe Hohenloher Mundart.

32

Kocherwerk Forchtenberg – Haus der Verbindungstechnik
Graf-Wolfgang-Julius-Platz 1
74670 Forchtenberg
07947 9430755
www.kocherwerk.de

INS LICHT GERÜCKT

Museum Kocherwerk

Sie sind jetzt nicht unbedingt ein Fan von Schrauben und anderen Befestigungsteilen? Das wird sich garantiert ändern, wenn Sie das 2020 restaurierte alte Mühlengebäude am Kocher in Forchtenberg-Ernsbach betreten. Im *Haus der Verbindungstechnik* erhalten Sie nicht nur Einblicke in diesen Bereich. Die Ausstellung präsentiert mittels digitaler Zugänge sowie Stationen zum Anfassen und Ausprobieren die Geschichte des in Hohenlohe bedeutenden Industriezweigs.

Die Verbindungstechnik trägt in der Region große Namen: in erster Linie Würth und Berner. Insgesamt stellen in Hohenlohe rund 30 Unternehmen mit über 10.000 Mitarbeitern entweder Schrauben- und Befestigungsteile her oder handeln damit. Dass die Firma *L & C Arnold* in Ernsbach, in diesem Backsteingebäude direkt am Kocher, 1898 die allererste industriell gefertigte Schraube präsentierte, ist jedoch den wenigsten bekannt.

Die historische Mühle wurde bereits im Jahr 1378 urkundlich erwähnt. Auf Initiative von Unternehmer Reinhold Würth wurde im Jahr 2018 der Verein *Förderer des Schrauben- und Befestigungscluster* gegründet. Damit war das Museumsprojekt ins Leben gerufen. Der rote Bau wurde in der Folge denkmalgerecht restauriert und zeigt heute auf 400 Quadratmetern Schraubengeschichte.

Der »Turbinenraum« macht den Auftakt: Grafiken, Filme und eine 3-D-Karte thematisiert die Entstehung des Clusters. Im »Labor« dreht sich an sieben Hands-on-Tischen alles, im wahrsten Sinne, praktisch um die Schraube. In der »Lounge« präsentiert sich anhand von Exponaten die Historie der einzelnen Firmen der Region. Und die »Werkstatt« schließlich kann als Multifunktionsraum für verschiedenste Veranstaltungen genutzt werden.

Nehmen Sie sich Zeit, das Kocherwerk mit Bistro und Sonnenterrasse vollständig zu erkunden. Idyllisch gelegen am Fluss, lädt es ein, in die Wirtschaftsgeschichte und die Landschaft der Region einzutauchen.

33

Tiroler See
An der K2320
Via: Hofstraße
74670 Forchtenberg

Stand-up-Paddling:
Heffner Outdoor Events
Bobachshof 11
74653 Ingelfingen-Bobachshof
07940 548514
www.heffner-outdoor-events.de

AUF DEM WASSER GEHEN

Tiroler See bei Schleierhof

Man startet aus dem seichten Wasser, geht zunächst in die Knie, macht ganz vorsichtig erste Paddelschläge, um das Brett in Bewegung zu setzen, und versucht dann, sich auf die Füße zu stellen. Und? Klappt doch ganz prima! Stand-up-Paddling, auf Deutsch einfach Stehpaddeln, ist eine neue Möglichkeit, sich auf dem Wasser zu bewegen. Auf dem 540 Quadratmeter großen Schleierhofer See bei Forchtenberg hat das andersartige Surfbrett schon Einzug erhalten.

»Eine Sportart für Groß und Klein«, meint Outdoor-Event-Spezialist Daniel Heffner aus Niedernhall, »aber natürlich fahren vor allem junge Leute darauf ab.« Aber bitte, probieren Sie es auch aus, wenn Sie älteren Jahrgangs sind! Es macht einfach Spaß, auf dem Wasser zu »gehen«. Gut, die richtige Balance sollte man schon haben. Das, so verspricht der Profi, pendele sich aber schnell ein. Und was sind die Vorteile des Stehpaddelns? »Sie können die Landschaft besser erleben«, schwärmt Daniel Heffner. Die ist an den Tiroler Seen bei Schleierhof auch besonders idyllisch. Doch auch am Kocher und an der Jagst bietet der Betriebswirt für Tourismus die neue Sportart an.

Das Stand-up-Paddling, auch kurz »SUP« genannt, wurde ursprünglich von polynesischen Fischern betrieben, die in ihren Kanus stehend übers Meer schipperten. Auf Hawaii wiederum war die Tätigkeit dem König vorbehalten, denn außer ihm durften sich nur Vereinzelte aufrecht fortbewegen. Dort, dem Geburtsort des modernen Surfens, ist der etwas andere Wassersport heute auch am populärsten. Zwar existiert kein festes Regelwerk, doch lässt sich beim Stehpaddeln immerhin die Geschwindigkeit bestimmen: Je länger das Paddel, desto kräftiger die Züge ergo schneller die Bewegung. Probieren Sie es aus!

Warten Sie, bis das Wetter schön und das Gewässer warm ist! Das mit der Balance haut nicht immer sofort hin und im Schleierhofer See lässt sich auch gut baden!

84

Kloster Schöntal
Klosterhof 6
74214 Schöntal
07943 8940
www.kloster-schoental.de

Gemeinde Schöntal
Klosterhof 1
74214 Schöntal
07943 91000
www.schoental.de

Ruhestätte des eisernen Götz

Kloster Schöntal

»Er kann mich hinden lekhen!« – was für ein Kraftspruch des wütenden Götz von Berlichingen, den er 1516 während einer Fehde dem Amtmann Max Stumpf in Krautheim entgegenschleuderte. Heute ruht der adlige »Ritter mit der eisernen Hand« sanft in dem an der Jagst gelegenen Kloster Schöntal. Sein Grabmal im Kreuzgang der Neuen Abtei erzählt deutsche Geschichte.

Bekanntheit erlangte das Kloster nicht allein, aber vor allem als Ruhestätte des Reichsritters. Der Ruf des Götz wiederum ist nicht nur in seiner berühmt-berüchtigten Äußerung begründet, denn der Spross aus dem Geschlecht der Herren von Berlichingen mischte kräftig im Bauernkrieg mit. Dabei verlor er seine Hand, die er mit einer ganz speziellen und eigens entworfenen Vorrichtung ersetzte – die Geburtsstunde seines klangvollen Zusatznamens. Auf dem Epitaph des Ritters im Kloster Schöntal ist neben dem betenden Götz auch seine Kunsthand in Stein gemeißelt. Hier am Grabmal erfahren Besucher vieles aus dem Leben von Berlichingen und seinen Ahnen. Wussten Sie schon, dass sein Vater Kilian 1486 gut 200 Gulden für Schöntal spendete? Sie waren der Grundstock für die allererste Orgel in der ehemaligen Zisterzienserabtei, damals eine Rarität in den zahlreichen Klöstern des Ordens.

Ursprünglich begründeten Mönche aus Maulbronn im 12. Jahrhundert den Standpunkt Schöntal. Umgeben von Wehrmauern, hatte das Kloster später alles, was man zum autarken Leben benötigte: eine Mühle mit Backhaus, einen Viehstall, eine Scheuer und Brauerei. Bauherr und Abt Benedikt Knittel setzte zu Lebzeiten, 1650 bis 1732, wesentliche Akzente, so geht auch das heutige prächtig-barocke Erscheinungsbild auf seine Planung zurück. Mit der Säkularisation wurde dem Klosterleben jedoch ein Ende gesetzt, der Konvent schließlich aufgehoben und 1810 ein evangelisch-theologisches Seminar eingerichtet.

Heute ist das Kloster im schönen Jagsttal auch ein Ort zum Tagen, Übernachten und Feiern. Zu allen Jahreszeiten!

85

Jagstwehr Schöntal
beim Kloster Schöntal
Klosterhof
74214 Schöntal

GRENZENLOS NASSES VERGNÜGEN

Jagstwehr beim Kloster

Flussbadestellen sind nicht bei allen beliebt. Es soll etwa Behörden geben, die davor warnen, in »nicht kontrollierten Gewässern« zu schwimmen. Entlang der Jagst ist allerdings erlaubt, was gefällt, und somit wahres Vergnügen garantiert. Überall gibt es kleine Stege und Buchten, allein zwischen Berlichingen und Eberbach sind es zahlreiche ausgewiesene Einstiegsmöglichkeiten. Eine der schönsten Stellen liegt nahe des Klosters Schöntal.

Die Gemeinde bezeichnet sich selbst gerne als »Perle im Jagsttal«. Wertvolle Muscheln gibt es am Wehr bei Schöntal zwar keine, dafür aber grenzenlosen Badespaß. »Ein besonderes Erlebnis«, wirbt die Stadt auf ihrer Homepage, um allerdings gleich einzuräumen, das Wasser unterliege keiner Kontrolle. Baden auf eigene Gefahr also. Ohne Aufsicht, ohne Umkleidekabinen, ohne Eintrittsgelder – ist das nicht Anarchie? Ja, das hat den Charme der Gesetzlosigkeit.

Ein Augusttag, 34 Grad im Schatten und ab an die Jagst. Da sind schon andere, aber das macht nichts. Im Wasser ist es kühl und auf den Grünflächen kann man Urlaubsfeeling genießen. Der Geruch von Gegrilltem steigt in die Nase, hier und dort dudelt es aus der Konserve und dazwischen ertönt fröhliches Kindergeschrei – fast wie an der Riviera! Die Kleinen sind über die Staustufen glücklich, bieten diese doch viel kreativen Spielraum zum Fangen, Rutschen und Planschen. Und was kann man da nicht alles zu Wasser lassen: Kanus, Schwimmbretter und allerlei aufblasbares Getier! Apropos Tiere: Bei dem Rummel verziehen sich die Flussbewohner, um sich abends wieder ungestört in der Jagst zu vergnügen. Wer es ähnlich ruhig mag, sollte am Ufer entlangradeln und die Badestellen erkunden. Genug gibt es ja! Aber ganz wichtig: An einsamen Punkten bitte die Strömung nicht unterschätzen, lieber mit einem Partner abkühlen. Dann macht es auch gleich doppelt Spaß!

Ganz offizielle Badestellen nahe der Jagst sind der Hollenbacher See, der Oberginsbacher See sowie die Railhofer Seen. Auch schön und abgesegnet.

36

Kapelle St. Wendel zum Stein
Am Pfad der Stille
Jagstblick 5,
74677 Dörzbach
www.pfade-der-stille.de

Gemeinde Dörzbach
Marktplatz 2
74677 Dörzbach
07937 91190
www.doerzbach.de

EIN KLEINOD AM PFAD DER STILLE

Kapelle St. Wendel zum Stein

Die Tür hat einen schweren Zug und knarzt, doch drinnen ist es unglaublich still. Durch die schmalen Fenster fällt sanftes, warmes Licht auf den kleinen, mit bunten Wiesenblumen geschmückten Altar. Da flattert plötzlich ganz aufgeregt ein Rotschwänzchen durch das Holzgebälk. Ganz bestimmt hat der Vogel sein Nest hier irgendwo unterm Dach der Kirche gebaut.

Sie ahnen es schon: Die Kapelle St. Wendel zum Stein hat etwas Mystisches. Wenn man als Wanderer auf dem Pfad der Stille von der Waldwiese kommend den schmalen Weg mit den Stufen hinuntersteigt, beginnt der Zauber. Zwar trennt nur die vorbeifließende Jagst mit ihren Auen den Ort von der viel befahrenen Bundesstraße, doch hier herrscht dennoch Ruhe. Es scheint, als schmiege sich die kleine Kirche schützend an die zehn Meter hohe Felswand. Der Innenraum bestätigt den ersten Eindruck: Das Gestein bildet die natürliche Rückwand des Gotteshauses. Das Chorgewölbe und noch erhaltene Wandmalereien, der Altar in der Nische, die kleinen Holzbänke zeugen von längst vergangenen Tagen.

Um den Bau der alten Gemäuer ranken sich Mythen. Es heißt, ein Schäfer habe zu Anfang des 16. Jahrhunderts auf der Waldwiese über der Felswand einen Schatz gefunden. Aus Dankbarkeit wollte er dort eine Kapelle errichten, ließ Gräben ausheben, Steine behauen und Holz zuschneiden. Doch als man am nächsten Morgen mit der Arbeit beginnen wollte, lag das gesamte Material unten am Jagstufer. Am kommenden Tag wiederholte sich das Geschehen, Steine und Holz waren am Fluss erneut so angeordnet, dass sie deutlich den Grundriss einer Kirche bildeten. Der Schäfer soll darin Gottes Willen erkannt und die Kapelle aus Dank genau an dieser Stelle errichtet haben. Als Schatz wird St. Wendel zum Stein auch von den Dörzbachern wahrgenommen. Heute kümmert sich ein Förderverein liebevoll um diesen heiligen Ort der Stille.

Richten Sie Ihren Blick nach oben auf den Fels: In einer der Tuffsteinhöhlen hauste der Sage nach im Mittelalter das *Peitschenbabele*, eine Vagabundin.

37

Theater Dörzbach
Schlossweg 1
74677 Dörzbach
07937 80110
www.theaterdoerzbach.de

Schloss Eyb
74677 Dörzbach
07937 803310
www.doerzbach.de

Hochkultur, die glücklich macht

Theater

Wenn man durchs Städtchen fährt, ahnt man kaum, dass in der Gasse unweit des Schlosses ein Juwel von einem Schauspielhaus versteckt liegt. Im Theater Dörzbach sind Stefanie Goes und Christoph Soldan die Akteure hinter sowie auf der Bühne. Die kleine, aber feine Adresse mitten in der Provinz ist ein Geheimtipp, mittlerweile auch für viele Besucher aus dem Raum Stuttgart.

Sternekoch Vincent Klink war hier schon – nein, er hat nicht die Pfannen geschwungen, vielmehr hat er »gegrooved«. Seine Anekdoten aus der Küche, gewürzt mit seinem Können an der Jazztrompete, waren ein Highlight im Dörzbacher Theater. Wobei, solche Höhepunkte gibt es seit 2008 eigentlich in jeder Saison. Damals hat es das alte Gemäuer in der Schlossgasse dem Künstlerpaar Goes und Soldan angetan. Zuletzt als Storchenmuseum genutzt, zog mit der Tänzerin und Choreografin sowie dem Pianisten Glanz in den einstigen Schafstall. Und zwar professioneller Glanz: Die Bühne misst zehn auf acht Meter und ist mit einem Schwingboden, zwei Konzertflügeln und zahlreichen Scheinwerfern ausgestattet. Und die Zuschauerränge sind mit rotem Plüsch ausstaffiert, beleuchtet von edel glitzernden Lüstern.

Eigentlich hat man aus der Not einfach eine Tugend gemacht: Beide Künstler sind international tätig und brauchten 2008 für ihre gemeinsamen Projekte einen Proberaum. Aus der Basis im Jagsttal entwickelte sich schließlich das Theater Dörzbach. Der Dritte im Bunde war viele Jahre lang Peter Härtling, der 2017 verstarb. Mit ihm zusammen entstanden mehrere Bühnenstücke mit Text, Tanz und Musik wie die 2014 uraufgeführte Produktion *Schumanns Kinderszenen@Hallo Opa, Liebe Mirjam.de* oder *Sätze von Liebe* mit Gedichten von Härtling. Um ein neues Bühnenstück zu planen, erhielten Stefanie Goes und Christoph Soldan 2019 sogar europäische Fördergelder aus dem *LEADER Programm.*

Auch eine feine Adresse und gleich nebenan: das Schloss Eyb mit seinem jährlichen kammermusikalischen Festival Schubertiade.

38

Stuppacher Madonna in der Pfarrkirche Mariä Krönung

Grünewaldstraße 41
97980 Bad Mergentheim-Stuppach
07931 2605
www.mariaekroenung-stuppach.drs.de/stuppacher-madonna.html

Meisterwerk

Stuppacher Madonna

Man kann sich dem Zauber nicht entziehen. Die Augen wandern staunend über das Gemälde und verharren angesichts der Lebendigkeit. Die Farbtöne, die Leuchtkraft, eine fast unglaubliche durchscheinende Tiefe, gepaart mit der plastischen Nähe, verleihen dem Kunstwerk eine einzigartige Aura. Nahezu versteckt, möchte man sagen, hängt das Marienbild in der Madonnenkapelle, einem Seitenflügel der kleinen Kirche Mariä Krönung im Bad Mergentheimer Ortsteil Stuppach.

Vielleicht wurde der Pinsel von Matthias Grünwald von göttlicher Hand geführt, als er die Madonna in einer Mischtechnik auf Nadelholz verewigte. Neben dem Isenheimer Altar zählt die Stuppacher Madonna heute zu den bedeutendsten Werken des renommierten Malers. Geboren um 1470, ist wenig von dem Künstler bekannt, der von manchen Forschern mit dem Maler Mathis Gothart-Nithart (MGN) gleichgesetzt und von anderen wiederum als dessen Zeitgenosse gesehen wird.

Entstanden ist die mittelalterliche Tafelmalerei um 1516 als Andachtsbild für die Kapelle der Stiftskirche zu Aschaffenburg. Dort hing die Madonna wohl bis 1531. Was danach mit dem Gemälde in der Größe 186 × 150 cm geschah, liegt im Dunkeln. 1809 schließlich tauchte es in Mergentheim in der Kapelle des ehemaligen Deutschordensschlosses bei der Auflösung der Gemeinschaft auf. Drei Jahre später kaufte der Pfarrer der Deutschordenspfarrei Stuppach die Madonna für seine Kirche. Erst 1881 erkannte man, dass der Schöpfer kein Geringerer als Matthias Grünewald war.

Umfangreiche Restaurierungen hat das Werk erfahren, zuletzt 2012 am Landesamt für Denkmalpflege in Esslingen. Während der Instandsetzung wurde zudem die kleine Seitenkapelle auf die Rückkehr der Madonna vorbereitet. Der Raum bekam eine spezielle Klimatechnik und wurde zusätzlich von der Kirche abgetrennt, um Grünwalds Tafel zu erhalten.

Besuchen Sie unbedingt eine Führung! Dabei erfahren Sie nicht nur Spannendes zur Geschichte des Bildes. Erklärt werden auch die schier unzähligen Details.

39

Fauna Wildpark GmbH
Wildpark 1
97980 Bad Mergentheim
07931 563050
www.wildtierpark.de

DIE MIT DEN WÖLFEN SPRICHT

Wildpark

Sie umgibt sich mit Wölfen, seit sie Tierpflegerin ist. Sandra Hertweck kennt »ihre« Tiere seit deren Beheimatung Mitte der 1980er-Jahre in Bad Mergentheim. 30 Welpen und ein erwachsener Rüde bildeten damals die Urfamilie des derzeitigen Rudels, das auf einer Anhöhe vor den Toren der Stadt heult. Heute stellt der Wildpark mit über 30 Tieren eines der größten Wolfsrudel Europas.

An diesem Tag sind die kanadischen Timberwölfe mit ihrem typisch schwarzgrau melierten Fell in Deckung. In der großzügigen, landschaftlich schönen Anlage mit Wassergraben, Hügellandschaft und dahinter liegendem Wald ist nichts zu sehen vom Wolf. Als aber Sandra Hertweck und ihre Kollegin ins Gehege gehen und Futter auf der Anhöhe verteilen, kommt vorsichtig Bewegung in den Park. Scheu wirken sie, die Tiere, die da auftauchen, so gar nicht wild und gierig. Fressen geht offensichtlich nur nach rudelinterner Rangordnung. Dabei spielt die Schwanzhaltung eine Rolle genauso wie das Spiel mit den Ohren und der Blickkontakt. »Wölfe haben eine richtige Mimik«, erklärt Sandra Hertweck. Beispielsweise können sie buchstäblich die Nase rümpfen. Begeistert erzählt die Pflegerin auch über das Familienleben der Tiere: »Der Leitwolf ist stark an der Erziehung der Welpen beteiligt.«

So vertraut Sandra Hertweck das Verhalten ihrer Schützlinge ist, so distanziert muss allerdings der Kontakt zum Rudel im Wolfswald außerhalb der Fütterungszeiten sein. »Alles, was sich im Gelände jenseits des Hügels abspielt, ist für uns tabu.« Die Wölfe sollen möglichst frei in einer natürlichen Gemeinschaft leben. Überhaupt setzt der Wildpark beim gesamten Tierbestand der gut 70 Arten auf einen möglichst unberührten Lebensraum. Im rund 40 Hektar großen Areal gibt es deshalb nur wenig Zaun, vielmehr dienen Wälle, Dämme oder Gräben als Befestigungen.

Mit dem Zelt ganz nah am Gehege und dazu noch über Nacht? Mutig und wolfsbegeistert muss man schon sein, um eine *Wolfsnacht* im Tierpark zu buchen.

40

Solymar Therme
Erlenbachweg 3
97980 Bad Mergentheim
07931 481300
www.solymar-therme.de

MAGNESIUM, CALCIUM UND LITHIUM

Solymar Therme

Baden ist schön! Und wenn es zudem die Gesundheit fördert, umso besser! Das Vital- und Solebad der *Solymar Therme* ist zweifellos der ideale Ort, um Körper und Seele etwas Gutes zu tun.

Eintauchen können Sie in 34 Grad warmes und bis zu 37 Grad heißes Wasser. Nahezu schwerelos liegen Sie entspannt in Salzwasser, das Magnesium, Calcium und Lithium enthält. Das klingt zunächst nach trockenen chemischen Stoffen. Dahinter allerdings stecken besondere Eigenschaften. Dem Spurenelement Lithium wird vor allem eine positive Wirkung auf die Psyche zugeschrieben. Quasi ein Gute-Laune-Bad. Wohltuend für die Haut sei das Magnesiumbad. Der Effekt eines mit dem Mineral angereicherten Bades sei vergleichbar mit dem Eintauchen im Toten Meer. Und schließlich ist das Calciumbad wichtig für die Stabilität der Knochen und stärkt das menschliche Skelett. Liegen Sie während des Gesundheitsbads auf einer der Sprudelliegen oder stehen vor einer der Düsen, wirkt sich diese Massage zusätzlich wohltuend aus.

Auch in anderen Bereichen des Wellness-Tempels können Gäste Körper und Seele entspannen. 1975 wurde das *Solymar* in Bad Mergentheim eröffnet. Für rund 30 Millionen wurde die Therme 2014 vollständig grunderneuert. Neben dem Becken, das mit Heilwasser aus der Bad Mergentheimer Paulsquelle gefüllten wird, bieten ein Meditationsbecken mit künstlichem Sternenhimmel oder die Wasserlandschaft unter freiem Himmel mit Whirlpool, Massageliegen und Strömungskanal Abwechslung. Wer nicht vollständig abtauchen möchte, kann hingegen das Textildampfbad oder die großzügige Saunalandschaft aufsuchen. Und für aktivere Gäste eignen sich der Sport- und der Familienbadebereich.

Neben der Paulsquelle, die als heilkräftige Sole im *Solymar* eingesetzt wird, beheimatet Bad Mergentheim drei Trinkquellen, deren Wasser in der Therapie von Magen-Darm-Erkrankungen und Stoffwechselstörungen zum Zuge kommen.

41

Weinort Markelsheim
Ausgangspunkt:
Weingärtner Markelsheim eG
Scheuerntorstraße 19
97980 Bad Mergentheim-Markelsheim
07931 90600
www.markelsheimer-wein.de

Tauberschwarz, der Anspruchsvolle

Weinort Markelsheim

Sie schaffte es bis auf den Titel eines Krimis im Gmeiner-Verlag: In *Tauberschwarz*, dem Fall, der Kommissar Horst Meyer während seines Radurlaubs in Hohenlohe beschäftigt, spielt die gleichnamige Rebsorte eine zentrale Rolle. Beheimatet im Weinanbaugebiet Tauberfranken, galt sie lange Zeit als verschwunden. Heute erlebt sie eine Renaissance.

Über Jahrzehnte fehlte Tauberschwarz in den Markelsheimer Weinberglagen fast gänzlich. Erst nachdem 1959 die Rotweinsorte für ausgestorben gehalten wurde, hisste man im Taubertal die Fahne, machte sich auf die Suche nach letzten Rebstöcken und fand diese schließlich im Vorbachtal. Die staatliche Lehr- und Versuchsanstalt in Weinsberg reanimierte die alte Sorte, bis sie letztendlich 1996 nach der Zulassung wieder in den Weinbergen im Main-Tauber-Kreis und in zwei Gemeinden des Hohenlohekreises gepflanzt wurde. Heute liegt das Ausmaß der bestockten Fläche in Hektar wieder im zweistelligen Zahlenbereich, Tendenz stetig steigend. Die Weinzähne haben den Tauberschwarz für sich wiederentdeckt. Nicht zuletzt weil die Organisation *Slow Food Deutschland e.V.* die »bedrohte« Rebsorte in ihrer *Arche des Geschmacks* aufgenommen hat.

Erstmals wurde der Tauberschwarz bereits im 16. Jahrhundert als Teil des Weinzehnts angebaut. Für die Naturalabgabe mostete man andere Rebsorten wie den Elbling oder Roten Heunisch mit hinein, während heute reiner Qualitätsrotwein gekeltert wird. Auch die Markelsheimer Weingärtner, die sich vor über 100 Jahren zusammenschlossen, haben die Rarität wieder im Programm. Ihre Tauberschwarzserie trägt den Namen des Grafen Carl Ludwig von Hohenlohe-Weikersheim, der als einstiger Förderer des Weinbaus gilt. Und vermutlich würde ihm heute der fruchtige Tauberschwarz mit seinen feinen Zartbittertönen noch besser munden als der damalige Weinzehnt.

Feste feiern, wie sie fallen: Ein Muss ist das alljährliche Markelsheimer Weinfest!

42

Jakobshof Lehr – Schlafen im Weinfass

(April–Oktober)
Bachgasse 3
97980 Bad Mergentheim-Markelsheim
07931 2959
www.jakobshof-lehr.de

KUSCHELFAKTOR ZWEIPLUS!

Jakobshof Lehr in Markelsheim

Nein, keinen Tropfen mehr geben die Fässer hoch oben am Roggenberg her. Dafür jedoch eine außergewöhnliche und zugleich kuschelige Übernachtungsmöglichkeit mit wunderschöner Aussicht.

Einst fassten die Fässer 8.000 Liter Wein, bevor sie von Conny Lehr zu bezaubernden, bequemen Schlaf- und Wohnplätzen eingerichtet worden sind. Inmitten der Markelsheimer Weinberge genießen Gäste während der Saison Ruhe und Romantik in der Natur. Eine Nacht für zwei Personen im Fass umfasst neben der Übernachtung eine Flasche Secco, zwei Flaschen Wein und einen Vesperkorb sowie ein Frühstück mit regionalen Produkten. Kuscheln müssen Sie aber schon selbst!

Die stimmungsvolle Umgebung trägt ihres dazu bei. Die Grillen zirpen oben am Roggenberg, und ein lauer Sommerabend hier am Waldrand, unweit der Schutzhütte, mit Blick weit hinunter ins Taubertal, garantiert romantische Stunden. Direkt an den Fässern vorbei führt zudem ein Weinlehrpfad, auf dem man die Weinberglage erkunden kann.

Wer lieber vier Räder unter seinem Schlaflager wissen möchte, bucht eine Übernachtung im Trapperbus gleich neben den Fässern. Für die beste Aussicht können Sie dem Fahrzeug aufs Dach steigen, auf Liegestühlen unter einem Schirm die Sonne genießen oder abends unterm Sternenhimmel Europas größtem Wolfsrudel im nahen Wildpark lauschen.

Dass die einzigartigen Schlafstätten heiß begehrt sind, erklärt sich von selbst. Daher sollten Sie früh buchen. Doch auch in den Ferienwohnungen auf dem Jakobshof von Conny und Thomas Lehr lässt es sich gemütlich übernachten. Und wenn Sie Ihren Aufenthalt mit einer Weinbergrundfahrt im offenen Wagen und mit Akkordeon und Liederheft krönen, können Sie träumend in die Kissen sinken.

Thomas Lehr erzeugt hauseigene Liköre und Brände. Ein Dreifruchtlikör, ein Schlehengeist oder aber einen Winzerbrand? Alle garantiert selbst gemacht und lecker!

48

Schlossgarten Weikersheim
Marktplatz 11
97990 Weikersheim
07934 992950
www.schloss-weikersheim.de

Rosenhof Taubertal
Rothenburger Straße 14
97993 Creglingen
07933 869
www.rosenhof-taubertal.de

Barockgarten und duftendes Gewächs

Schlossgarten

Das Schloss Weikersheim ist ein Schmuckstück unter den Besitztümern des Landes Baden-Württemberg. Erstmals als Wasserburg um 1153 erwähnt, gilt es heute als eine der schönsten fürstlichen Anlagen aus der Zeit des Hochbarocks. Vor allem der historische Garten in seinem Originalzustand ist einmalig.

Ein Spaziergang durch die grüne Oase wird zu einem Besuch in eine längst vergangene Epoche. Die besondere Atmosphäre ist geprägt von der Vielfalt, aber auch vom Reichtum an Figuren, die noch vollständig aus der Entstehungszeit erhalten sind. Eine bemerkenswerte Seltenheit stellt die *Zwergengalerie* dar, eine Gruppe von Skulpturen. Im äußeren Schlosshof, am Zugang zum Prachtbau, liegt hingegen ein Teil des Parks, der vielen unbekannt ist: der Rosengarten.

Er wurde 1863 an der Stelle eines abgebrochenen Wirtschaftsgebäudes zwischen Schloss und Marstall angelegt. Geschlängelte Wege, Rasenflächen mit lockerer Baumbepflanzung und blühenden Sträuchern setzte der damalige Hofgärtner Lebl. Heute blühen rund 70 verschiedene Rosensorten: Gallica-, Alba-, Portland- oder auch Bengalrosen kokettieren mit ihrer Blütenpracht um die Wette.

Regelmäßige Führungen durch die duftenden Gewächse bieten die *Rosenfreunde Taubertal,* eine Regionalvertretung der *Gesellschaft Deutscher Rosenfreunde e.V.* Irmgard Linke, selbst Gärtnerenkelin und Vorsitzende des Vereins ist Spezialistin für die Pflanzengattung. Bei ihren Rundgängen erfahren Gäste auch viele historische Hintergründe, beispielsweise wo die »Perle von Weißenstein«, die erste deutsche Rosenzüchtung, ihren Ursprung hat.

Wer von der Rosenpracht nicht genug bekommen kann, muss unbedingt auf dem *Rosenhof Taubertal* vorbeischnuppern.

44

Lourdesgrotte Zaisenhausen
Am Pfad der Stille
Grottenweg
74673 Mulfingen-
Zaisenhausen
07938 90400
www.pfade-der-stille.de

IN ZEITEN DER DÜRRE

Lourdesgrotte in Zaisenhausen

Tausende pilgern jährlich zum französischen Wallfahrtsort Lourdes, der für seine Marienerscheinung weltweit berühmt ist und dessen Quelle Heilkräfte zugeschrieben werden. Diesen Bekanntheitsgrad hat die Lourdesgrotte im Mulfinger Ortsteil Zaisenhausen nicht, gab es hier doch (noch) keine wundersamen Begegnungen. Dennoch ist sie ein Kleinod mit geheimnisvoller Geschichte und mystischer Ausstrahlung.

Schon weit über 100 Jahre alt ist die Grotte im Hohenlohischen, anno 1893 beginnt die Geschichte dieses heute so besonderen Platzes. Damals, so belegt die Pfarrchronik, wurde das Jagsttal von Dürre und damit auch einer großen Hungersnot heimgesucht. Wasser gab es nur noch an dieser Quelle bei Zaisenhausen. Wenngleich eher ein Rinnsal, zollte der Lehrer der Gemeinde dem dort wundersam entspringenden Lebenselixier Ehrfurcht und schuf dankbar an besagter Stelle eine Kopie der französische Grotte. Dafür wurde angeblich eigens Tuffstein aus Thüringen nach Zaisenhausen geschafft.

Noch wenig bekannt war dieses sieben Meter hohe Kleinod im Jagsttal bis zur 100-Jahr-Feier 1993. Just zu diesem Jubiläum wurde die Lourdesgrotte umfangreich renoviert und seitdem ist dieser Ort der Stille zu einem beliebten Pilgerplatz geworden. Davon zeugen heute vor allem viele abgelegte Blumen und kleine persönliche Gegenstände auf dem Areal. Das wäre dem einstigen Zaisenhausener Kirchenmann Petrul sicherlich gar nicht recht gewesen. Mahnend schrieb er 1893 in den Kirchenbüchern: »Es wolle sich die Gewohnheit bilden, ohne Befragen und Beisein des Vikars, nach Gebetläuten, Feierlichkeiten bei der Grotte zu halten.« Vor allem die Sitten des aufmüpfigen Nachwuchs sah er gefährdet, denn der Besuch des Platzes biete »für die Jugend Vorwand zur Nachtschwärmerei und die Nachtzeit schickt sich nicht für Jungfrauen«.

Wenn Sie durch Zaisenhausen pilgern, sollten Sie auch an der St.-Nepomuk-Brücke mit der Statue vorbeigehen. Die zweibogige Ettebrücke ist ein wahrer Hingucker.

45

Jagsttalwiesenwanderung bei Mulfingen

Startpunkt:
St. Anna-Kapelle
Kapellrain
74673 Mulfingen
07938 90400
www.jagsttalwiesenwanderung.de
www.natur-landschaftsfuehrer-hohenlohe.de

DEN KRÄUTERN AUF DER SPUR

Jagsttalwiesenwanderung

»Mein Herz hängt am Jagsttal.« Karin Öchslen ist zwar im Landkreis Schwäbisch Hall beheimatet, dennoch zieht es die zertifizierte Kräuterpädagogin und Landschaftsführerin immer wieder auf die Jagsttalwiesen bei Mulfingen. Angeschlossen an den Verein der Natur- und Landschaftsführer Hohenlohe mit Sitz in Mulfingen-Buchenbach, ist die Kräuterfachfrau häufig mit Gruppen unterwegs, um die Auen an dem idyllischen Flüsschen zu erkunden. »Spitzwegerich, Schafgarbe, Wiesensalbei, Wilder Thymian …« Karin Öchslen kennt die Heilpflanzen aus dem Effeff und schwärmt »über die Vielfalt auf engstem Raum«. Von ihr erfährt man nicht nur die Anwendungsbereiche der Kräuter, sie gibt auch Kurse, wie man mit ihnen kocht – und muss feststellen: »Für viele ist es immer noch eine große Hemmschwelle, selbst gesammelte Kräuter zu essen.«

Einen guten Einblick in die Kräuterlandschaft des Jagsttals bietet die jährliche Jagsttalwiesenwanderung im Mai, die von den Gemeinden Langenburg, Mulfingen, Dörzbach und Krautheim organisiert wird. Neben anschaulichem Fachwissen bietet diese Tour vor allem Natur und Entspannung pur. Die Wege führen durch verschiedenste Biotope, vor allem die Landschaften entlang der Jagst sind heute kostbare Juwelen. Vor Jahren ging man daran, die Ufer zu renaturieren, und kaufte dafür Landwirten die Gewässerrandstreifen ab. Heute wurzeln hier wieder Sumpfdotterblumen und Schwertlilien, Blesshühner können wieder planschen und Biber Burgen bauen. Gerade im Frühjahr und Frühsommer sind die Flusshänge eine wahre Augenweide, wenn sie durch die Blütenpracht der verschiedensten Kräuter bestechen. Und Karin Öchslen verrät noch einen besonderen Tipp: Richten Sie Ihren Blick auch auf die Steinriegel an den Hängen. Dort wächst die seltene Königskerze, eine alte Heilpflanze.

Beim Wandern werden Ihnen die vierbeinigen Bewohner der Jagsthänge begegnen: Rinder, Ziegen und Zebus sorgen dafür, dass die Wiesenlandschaften nicht verbuschen.

46

Landgasthof und Hotel Jagstmühle
Jagstmühlenweg 10
74673 Mulfingen-Heimhausen
07938 90300
www.jagstmuehle.de

KULINARISCHER STERN IM PARADIES

Landgasthof-Hotel Jagstmühle in Heimhausen

2007 erfüllten sich der Unternehmer Gerhard Sturm und seine Frau Annemarie mit dem Erwerb und der Restaurierung eines historischen Mühlenanwesens einen Lebenstraum. Seitdem befindet sich der Landgasthof im Fluss mit der Natur und der Region. Über deren Grenzen ist die Jagstmühle weit hinaus bekannt, dennoch ist sie ein klares Bekenntnis zum Jagsttal. Zu einer schönen Kulturlandschaft gehören auch Landgasthöfe, die jedermann offen stehen, Wert auf traditionelle Gerichte legen und regionale Lebensmittel verarbeiten, so die Überzeugung der Betreiberfamilie.

Dass Hohenlohe eine außergewöhnliche wie vielfältige Bandbreite an Produkten bietet, weiß man in der Küche zu schätzen und perfekt umzusetzen. Schließlich steht mit Steffen Mezger seit Ende 2021 ein Meister der Kochkunst am Herd, der kulinarische Ausrufezeichen setzt. Seine bisherigen Stationen als Küchenchef in der Sternegastronomie, wie im Bayrischen Hof in München oder in der Residenz von Heinz Winkler, beweisen, dass er das hohe Niveau beherrscht. So liest sich schon die Speisekarte wie eine Gourmet-Bibel und verspricht außergewöhnliche Kreationen.

Das Landschaftsidyll am Fluss beherbergt neben dem Restaurant ein kleines und feines Hotel. Auszeit und Ruhe in trauter Zweisamkeit sind im malerischen Jagsttal garantiert. Ebenso bietet die Jagstmühle vielfältige Möglichkeiten, Feste zu feiern, beispielsweise eine unvergessliche Hochzeit unter freiem Himmel auf der Jagstinsel.

Die Mühlenscheune ist ein weiteres Highlight des Landgasthofes. In der gemütlich-urigen Gaststube erwartet den Gast feine und bodenständige Küche – und das an allen Wochentagen. Ideal also für alle Jagsttal-Tagestouristen.

Abonnieren Sie am besten den Newsletter, und verpassen Sie keines der besonderen Events in der Jagstmühle!

47

Ferienhaus Alte Schule
In den Gruben 6
74572 Blaufelden-
Herrentierbach
07936 7999992

Refugium der Ruhe

Alte Schule in Herrentierbach

In der Alten Schule in Herrentierbach wurde einst Unterricht für die quirligen Kinder des Dorfes gehalten, heute bietet sie als Feriendomizil Ruhe und Erholung. Das großzügige Landhaus in extravagantem Stil ist eine der besonderen Urlaubsdomizile der Vermietungsagentur Hohenlohe-Franken.

Über 30 Objekte, im gesamten Hohenloher Land verteilt, finden sich im Katalog der außergewöhnlichen Unterkünfte. Hinter der Vermietungsagentur steht eine ehemalige Modemanagerin. Tina Oestreich zog es im Jahr 2001 von der Mainmetropole Frankfurt in das 400-Seelen-Dorf nach Hohenlohe. Zu dem damals erworbenen Hof gehörte auch eine »lieblos eingerichtete Ferienwohnung, die nur selten vermietet worden ist«, erzählt Tina Oestreich. Dieser Umstand habe ihren Ehrgeiz entfacht. »Ich wollte beweisen, dass es auch im Hohenloher Land möglich ist, eine Ferienunterkunft auszulasten«. Und mit *Fritz,* so der Name des Appartements, wurde auch die Idee geboren, Unterkünfte zu gestalten und zu vermarkten.

Fritz wurde als Schmuckstück 2011 von der Frauenzeitschrift *Brigitte* als eine der zwölf schönsten Feriendomizile auf dem Lande in Deutschland ausgezeichnet. Just im selben Jahr gründete Tina Oestreich ihre Agentur. Die Objekte sind so besonders wie das Hohenloher Land selbst: ein Appartement im Turm, eines mitten in der Stadt, ein Loft in der Alten Schreinerei, ein Chalet direkt am Fluss oder eine Übernachtungsmöglichkeit in der ehemaligen Remise des Langenburg Schlosses. Mit viel Gespür für Design und vor allem mit einer großen Portion Herzblut werden den Gebäuden von Tina Oestreich neues Leben eingehaucht. Viele der Unterkünfte sind zudem für den Urlaub mit Hund konzipiert.

In Tiefenbach, unweit von Crailsheim, können Sie in einem Refugium am Ortsrand mit großzügigem Garten übernachten, mit eigenem See und Panoramasauna. Was will man mehr?

48

Grabungsmuseum mit Kirche und Krypta
Am Bach 20
74595 Langenburg-Unterregenbach

Führungen:
Fremdenverkehrsamt Langenburg
Hauptstraße 15
74595 Langenburg
07905 91020
www.langenburg.de

RÄTSELHAFTES UND EIN GEDECKTER TISCH

Grabungsmuseum in Unterregenbach

Das Dorf mit seiner Veitskirche wurde überregional durch das »Rätsel von Unterregenbach« bekannt. Unter dem heutigen Gotteshaus im Langenburger Ortsteil schlummerte jahrhundertelang eine Krypta nebst Fundamenten zweier Kirchen. »Und da könnte noch mehr zum Vorschein kommen«, mutmaßt Hans-Jörg Wilhelm. Er führt Besucher auf des Rätsels Spuren.

Im Grabungsmuseum im alten Unterregenbacher Schulhaus sind die Fundstücke und eine Dokumentation der Ausgrabungen zu sehen. Über den Keller des heutigen Pfarrhauses ist die alte Krypta zugänglich, während man unter der Kirche noch den Grundriss der einstigen karolingischen Saalkirche erkennen kann. Damit steht erwiesenermaßen eines der ältesten Gotteshäuser Württembergs auf Unterregenbacher Boden. Beim Kartoffelholen habe ein Pfarrer bemerkt, dass Mauern und Gewölbe im Keller nicht rein profaner Natur sein konnten. Anschließende Grabungen legten die Krypta und Grundsteine der 50 Meter langen Kirche aus dem 11. Jahrhundert frei. Diese gründen wiederum auf einem sakralen Bau des 8. Jahrhunderts. Aber lassen Sie sich die Geschichte von Hans-Jörg Wilhelm selbst erzählen.

Der Unterregenbacher verbindet bei seinen Führungen fundiertes Wissen mit unterhaltsamen Anekdoten. Dass es dabei nur so sprudelt, garantiert er als »Hohenloher Schaumwein-Hersteller«, wie er sich selbst bezeichnet. Wilhelm nutzt nämlich als Selbsterzeuger alte Apfel- und Birnenmostsorten für ein, wie er erklärt, »champagnerähnliches Getränk« (www.genuss-portal.com). Damit aber nicht genug an Köstlichkeiten im kleinen Dorf: Wilhelms prickelndes Getränk bekommt ab und an kulinarische Begleitung, schließlich kann man bei ihm auch Führungen mit Schaumweinprobe plus leckerem Fingerfood buchen. Diese Häppchen kommen aus einer namhaften Küche der Region. Da wird das »Rätsel von Unterregenbach« doch so richtig schmackhaft gemacht!

Ganz genau hingucken! Die gedeckte Holzbrücke über der Jagst aus dem Jahr 1822 ist ein beeindruckendes Bauwerk.

49

Schloss Langenburg
Schloss 1
74595 Langenburg
07905 941900
www.schloss-langenburg.de

Auf Rosen gebettet
Schloss Langenburg

Kann man einen Lieblingsplatz haben, an dem sich einmal im Jahr Tausende Menschen tummeln? Eindeutig ja, wenn es das Schloss Langenburg mit seinen *Gartentagen* ist! Fürst Philipp und Fürstin Saskia zu Hohenlohe-Langenburg können auf eine wahre Erfolgsgeschichte des Events zurückschauen. Die Besuchermassen werden wohl weiterhin strömen, ist doch die Gartenmesse im glanzvollen Ambiente einfach nur beeindruckend.

Seit dem 13. Jahrhundert ist das Schloss Wohnsitz der Fürstenfamilie Hohenlohe-Langenburg. Er sei jetzt nicht unbedingt der Gärtner, konstatiert Fürst Philipp, allerdings habe er während der letzten Jahre vieles gelernt. Zur Premiere der *Gartentage* 2004 zählte man noch weit unter 10.000 Gäste. Heute pilgern am ersten Septemberwochenende mehrere Zehntausend aus dem ganzen süddeutschen Raum und darüber hinaus nach Langenburg. Im Renaissanceinnenhof und dem Barockgarten des fürstlichen Domizils geben sich gut 160 Aussteller ein Stelldichein. Je nach Jahresmotto haben sie allerlei im Gepäck, was Gärten grüner und schmucker macht: seltene Duftrosen und Wildtulpenzwiebeln oder auch Designerliegen und Schwimmkugeln für den Gartenteich. Um das Gewusel am Veranstaltungswochenende etwas zu entzerren, wurde jüngst an Ruhezonen gearbeitet. So entstand auf dem sieben Hektar großen Schlossareal beispielsweise ein *Rundweg der Entspannung* mit Klanggarten, Duftkräutern und Teezelten.

Die junge Adelsfamilie zum Anfassen gibt es erst seit 2004. Bis dahin lebte Fürst Philipp in London, arbeitete dort ganz bürgerlich als Bankkaufmann. Als sein Vater starb, kehrte er nach Langenburg zurück. Mit den Fürstlichen Gartentagen und dem *Deutschen Automuseum Langenburg* setzt der Fürst auf ein offenes Haus. »Früher war das mal ein Schloss, heute ist es eine Eventlocation.«

Wohnen und Schlafen mit Schlossblick: Die stilvollen Ferienwohnungen im Marstall oder Kutscherhaus kann man mieten!

50

Café Bauer
Hauptstraße 28
74595 Langenburg
07905 363
www.echte-wibele.de

Nicht nur der Adel liebt Wibele

Café Bauer

»Die oane werde g'schdanzd, die andre werde g'seecht, wohl dem, der's verdreecht!« Zugegeben, diese Beschreibung des Langenburger Mundartdichters Kurt Rösch lässt nicht unbedingt auf eine kulinarische Köstlichkeit schließen. Und doch ist hier die Rede vom wohl kleinsten und feinsten Gebäck der Welt. Es zergeht auf der Zunge und hinterlässt dieses sehnsüchtige Gefühl nach mehr. Zweimal pro Woche macht sich daher Konditormeisterin Andrea Meidlinger ans Blech.

Die Wibeleproduktion wird angeworfen, die eigens dafür konstruierte Maschine lässt kleine Teigkleckse akkurat aufs Backblech tropfen. Anschließend verschwindet das Minigebäck für gut 12 Minuten im Ofen. Voilà! Sie sind fertig, die echten Langenburger Wibele! Andrea Meidlinger ist nicht nur Bäckerin und Konditorin, sondern auch Hüterin einer langen Familientradition. Ihr Vorfahre Christian Carl Wibel war der Erfinder des leckeren Backwerks. »Geduldzeitlich« nannte der Hofkonditor des Langenburger Fürsten seine Kreation damals. Schließlich gab es anno 1763 noch keine Maschinen und Wibel musste viel Ausdauer zur Herstellung der winzigen Tropfen beweisen. Am Hofe mundete die Süßigkeit auf Anhieb. Und zwar so sehr, dass der damalige Fürst Karl zu Hohenlohe-Langenburg das Gebäck der Konkurrenz verschmähte und nur noch »die vom Wibele« forderte.

Exklusiver Hersteller der 1911 patentierten »echten Langenburger Wibele« ist seit Generationen das Café Bauer. Das 22 Millimeter lange und 12 Millimeter breite Biskuitgebäck kommt heute in der ganzen Welt herum – und in die Haushalte von über 1.000 Adelsfamilien. Selbst die Queen naschte schon ein Wibele, war doch Elisabeth II. mit Gemahl 1965 in Langenburg zu Gast. Auch Prinz Charles machte bei seinem Besuch im Frühjahr 2013 eine Stippvisite bei Andrea Meidlinger! Immerhin pflegt das britische Königshaus verwandtschaftliche Beziehungen zu Fürst Philipp zu Hohenlohe-Langenburg.

Auf der Terrasse mit wunderschönem Blick ins Tal ein Latte macchiato und ein »Ätschgäwele« genießen und dann zum Langenburger Stadtrundgang aufbrechen!

51

Mawell Resort
Roseneck 5
74595 Langenburg
07905 94140
www.mawell-resort.de

Langenburger Schafkäserei
Breberweg 2
74595 Langenburg
0 7905 475
www.schafkaese.com

Luxusherberge für Jakobspilger

Mawell Resort

Von Rothenburg ob der Tauber bis nach Rottenburg führt die Nummer 26 der deutschen Jakobswege. Ein 60 Kilometer langes Teilstück schlängelt sich durchs Hohenloher Land. Über Schrozberg, Billingsbach und Atzenrod gelangt man bei Kilometermarke 37 nach Langenburg. Hier können Jakobspilger nach der Tagestour nicht nur die Füße hochlegen, sondern den ganzen Körper verwöhnen lassen. Das im Jahr 2013 eröffnete Mawell Resort lässt als luxuriöses Wellnesshotel keine Wünsche offen – natürlich nicht nur die der Jakobspilger.

Dampfsauna, Waldsauna, Biosphärensauna, Salzgrotte, Floating-Pool, Salznische mit Himalaya-Salz, Panoramasaal-Lounge mit Infrarotschwebeliegen – die Wohlfühlliste ließe sich fast endlos fortsetzen. Keine Frage: Der Hohenloher Unternehmer Wolfgang Maier setzte mit dem Designhotel neue Maßstäbe. Schon von Weitem fällt der 27 Meter hohe Turm auf, in dem sich eine Barlounge, ein Saunabereich und ein Pool befinden. Elegant schmiegt sich das Areal an die Jagsttalkante, beim Bau wurden die natürlichen Gegebenheiten berücksichtigt, und so wurden für die gesamte Anlage lediglich zehn Bäume gefällt. Das heißt: garantierte Entspannung im Grünen, ob in der Jägersauna oder im Outdoor-Pool.

Eine uralte Natursteinlandschaft ist schließlich das Herzstück des 4.000 Quadratmeter großen Spa-Bereichs, der dadurch über eine wohl einzigartige Atmosphäre verfügt. Eine Salzgrotte mit Salzpool und Gradierwerk, umgeben von einem meterhohen Felsen, der in Jahrmillionen gewachsen ist, vermittelt das Gefühl von Erhabenheit.

Wenn Sie dann noch Ihren Blick übers idyllische Jagsttal auf die andere Seite zum imposanten Schloss der Langenburger Fürstenfamilie schweifen lassen, werden Sie das Weiterpilgern mit Sicherheit vergessen.

Machen Sie einen Besuch bei der Langenburger Schafskäserei. Der Demeter-Rohmilchkäse der Familie Fischer ist preisgekrönt.

52

Gut Ludwigsruhe
Ludwigsruhe 1
74595 Langenburg
07952 6252
www.gut-ludwigsruhe.de

EXKLUSIV HEIRATEN

Gut Ludwigsruhe

Wenn man fürs Leben »Ja« sagt, muss es schon etwas Besonderes sein, will man doch auch nach vielen Ehejahren in Erinnerungen schwelgen. Auf Gut Ludwigsruhe bei Langenburg wird der Hochzeitstag mit Sicherheit zu einem der schönsten Tage des Lebens. Das ehemals fürstliche Anwesen aus dem Jahr 1736 ist geradezu prädestiniert, um den Bund fürs Leben in exklusivem Rahmen zu schließen.

Im Jahr 1980 kaufte die Familie Schrödel den ehemaligen Adelssitz und begann mit der Sanierung. Heute zeigt er sich als wahres Schmuckstück. Im großen barocken Saal finden seit vielen Jahren Trauungen statt, welche die Hausherrin Bernadette Schrödel als Standesbeamtin selbst durchführen kann. Doch nicht nur für die Eheschließung eignet sich das Hofgut.

Im historischen Gewölbe des Haupthauses lässt sich im Anschluss im romantischen Ambiente der unvergessliche Tag feiern. Seit 2018 steht alternativ die Eventscheune als Partylocation bereit. Auf mehreren Ebenen darf ein rauschendes Fest gefeiert werden. Platz bietet die Eventscheune für bis zu 150 Gäste. Das offene Gebälk im Kontrast zum schlichten Betonboden, kombiniert mit rustikalen Lüstern an der Decke, die warmes Licht verbreiten, sorgt für eine stilvolle Atmosphäre. Der Rund-um-Service für einen gelungen Hochzeitstag kommt aus der Hand von Eva Schrödel.

»Das ist alles professionell und exklusiv«, schwärmt Karin Friedle-Unger, die auf Gut Ludwigsruhe als Freie Traurednerin und Standesbeamtin ebenfalls regelmäßig Hochzeitspaaren das »Ja« abnimmt. Da verwundert es nicht, dass die Eventscheune den *Wedding Award Germany 2021* sichern konnte.

Die Rede für eine Freie Trauung, individuell auf das Brautpaar zugeschnitten, ist das Feld von Karin Friedle-Unger (www.karin-fu.de).

58

Die kleine Schweineschule
Dorfstraße 48
74582 Gerabronn-Michelbach a. d. Heide
07952 5689
schweineschule.de

LERNORT BAUERNHOF

Die kleine Schweineschule in Michelbach

»Ich habe verschiedene Hilfsmittel, wenn ein Schwein sich verletzt. Ich habe Cremes, so wie ihr das kennt, wenn ihr euch wehtut. Ich hab Desinfektionsmittel, und ich hab ein Schweinepflaster. Das ist wichtig, damit die Fliegen nicht an die Wunde gehen. Im Stall hat es viele Fliegen und deshalb wird das drauf gesprüht, damit die Wunde geschlossen ist …« Karin Gronbach schaut in aufmerksame Kinderaugen, wenn sie aus dem Nähkästchen erzählt. Das macht sie gerne, ob vor Ort, in Michelbach bei Gerabronn, oder wenn sie unterwegs ist, in ganz Baden-Württemberg.

Bunt gemischt ist die Schweineschar im heimischen Stall der Bäuerin. Das Schwäbisch-Hällische Landschwein suhlt sich neben dem Rotbunten Husumer Schwein, daneben grunzen ein Durocschwein und ein Bentheimer Landschwein. In Summe ergibt das *Die kleine Schweineschule.*

Vor vielen Jahren wurde das Gehöft der Gronbachs in Michelbach um- und ausgebaut, sodass die Räumlichkeiten als Schullandheim genutzt werden können. »Von was leben wir? Wozu brauchen wir Bauernhöfe?«, sind die Kernthemen, die Kerstin Gronbach im Rahmen eines eigens entwickelten Programms Grundschulkindern näherbringen möchte. »Ich möchte die Zusammenhänge von Natur, Tier und Mensch vermitteln.« Bewusstsein schaffen für die Umwelt und Nahrung, und das bedeute auch: »Erklären, dass das Schnitzel aus dem Supermarkt auch das Schlachten eines Schweines bedeutet.«

Über mehrere Tage erkunden die Kinder die Lebensschule auf dem Schweinehof. Sie werden in zahlreiche Aktivitäten in Haus, Hof, Feld und Wald eingebunden. Schweine füttern, bürsten und abduschen stehen etwa auf dem Programm. Oder den Garten bestellen, mit dem Schlepper in den Wald fahren sowie Kochen, Backen und andere Arbeiten in der Küche. Und abends am Lagerfeuer den Tag gemeinsam Revue passieren lassen. Mit allen Sinnen erleben die Mädchen und Jungen das Leben auf dem landwirtschaftlichen Hof.

Wenn Zeit bleibt, werden auch Kindergeburtstage oder kleinere Familiengruppen in der Schweineschule ausgerichtet. Einfach anfragen!

54
Humpferranch Standorf
Standorf 5
74575 Schrozberg-
Standorf
07939 306
www.humpferranch.de

PRÄRIEFEELING
Humpferranch Standorf

Um die 50 Bisons grasen auf den Weiden rund um den kleinen Weiler Standorf bei Schrozberg. Muttertiere, Kälber, Bullen – die kleine Herde fühlt sich sichtlich wohl in den Hohenloher Gefilden.

Millionen von Bisons zogen einst über Nordamerikas Weiden … Bis die europäischen Siedler kamen. Ende des 19. Jahrhunderts war der Bestand auf weniger als 1.000 Tiere geschrumpft. Heute leben in den USA wieder nahezu eine halbe Million Bisons. In Nationalparks, aber auch auf Farmen, wo die Tiere gezüchtet werden, um das Fleisch zu vermarkten.

Ein Flyer mit dem Text: »Bisonfleisch aus Amerika«, war auch der erste Schritt zur Hohenloher Herde von Katrin und Joachim Humpfer in Schrozberg-Standorf. Im Jahr 2015 flog die Familie nach Kanada, um Farmen und Schlachtbetriebe zu besuchen. Anschließend reifte der Plan weiter, und 2016 grasten bereits die ersten Bisons auf den Standorfer Grasflächen.

Frisches Bisonfleisch und verschiedene andere Produkte kann man heute über den hofeigenen Laden beziehen. »Durch die naturnahe Nahrungsaufnahme bleibt das Fleisch geschmacklich unverfälscht und hat die perfekte Mischung zwischen feinem Rind und Wild in höchster Qualität«, erklärt Katrin Humpfer. Und weil sie und ihr Mann beide auch Jäger sind, bieten sie in ihrem Hofladen zudem Wildfleisch aus eigener Jagd.

Inzwischen wurden die Bisonweiden um einen Lehrpfad erweitert. Rund zwei Kilometer führt der *Hohenloher-Prärie-Trail* an den Bisonweiden vorbei, immer in Sichtkontakt mit den Tieren. Das geförderte *Leaderprojekt* informiert an zehn Stationen über die Landwirtschaft. Pausen einlegen können Spaziergänger an einer Hütte, einer Grillstätte und einem Spielplatz.

Seit dem Sommer 2022 bietet auf dem Rundgang um die Weiden eine Aussichtsplattform einen herrlichen Fernblick über die Standorfer Prärie.

55

Muswiese in Musdorf
Musdorf 26
74585 Rot am See
07955 3810
www.muswiese.com

Heimatmuseum Reubach
Zur Linde 9
74585 Rot am See-Reubach
07958 527

BUNTES MARKTTREIBEN AUF FREIEM FELD

Muswiese in Musdorf

»Vor der Muswiese ist nach der Muswiese«, heißt es in Musdorf. Wenn in dem kleinen Weiler zum wohl größten Volksfest weit und breit bis ins Fränkische hinein getrommelt wird, dann bedeutet das kompletten Ausnahmezustand. Ganze Ackerlandschaften werden zu kilometerlangen Parkflächen und das Dorf verschwindet gänzlich in einem Großaufgebot an Verkaufsständen, Festzelten, Fahrwerken und Ausstellungsflächen.

Kann man denn die Muswiese überhaupt in Worte fassen? Eigentlich nicht, man muss dieses alljährliche Spektakel im Oktober mit eigenen Augen sehen! Es gibt dort nichts, was es nicht gibt: Hosenträger und Liebestöter, schmiedeeiserne Pfannen und Bürsten aus Wildschweinborsten, Hightech-Kälbertränken und Hybridtraktoren, Zuckerwatte und Wilde Hummel, Kuttelessen und politische Reden. Für ihre fünfte Jahreszeit bereiten sich die Bewohner fast zwölf Monate lang vor, schließlich müssen zigtausende Besucher fünf Tage lang gut versorgt werden. Zur Muswiese haben nahezu alle Bauern des Ortes ein Ausschankrecht und so werden Wohnzimmer, Garagen, Maschinenschuppen und sogar Scheunen zu Behelfsgaststätten umfunktioniert. Unmengen an Würsten und Schlachtplatten gehen über die Tische – und natürlich nicht weniger Bier, Most und Selbstgebranntes!

Um das Phänomen der Muswiese zu verstehen, muss man zu ihren Anfängen zurückkehren. 1434 erstmals urkundlich erwähnt, ist sie einer der ältesten Jahrmärkte in Hohenlohe. Über Jahrhunderte war Musdorf im Herbst ein Mekka für Handwerker und Händler, die ihre Waren an die Bauern brachten. Bei so viel arbeitsreichem Umtrieb durfte der Spaß wohl nicht fehlen, also hockte und feierte man auch zusammen. Darüber hinaus war die Muswiese zugleich der Heiratsmarkt der Region. Noch heute bewahrt man diese Tradition mit dem Metzgertanz am Mittwoch, der sich als »Ledigentag« gehalten hat.

Ein Kleinod ist das Heimat- und Bauernmuseum im benachbarten Weiler Reubach. Im ehemaligen Dorfschulhaus wird ländliches Leben gezeigt.

56

Altstadt und Schloss Kirchberg
Schlossstraße 16/3
74592 Kirchberg a. d. Jagst
07954 9215470
www.schloss-kirchberg-jagst.de

Historisches Herz

Vom Schloss in die Altstadt

Romantische Seelen aufgepasst: Die malerische Altstadt von Kirchberg an der Jagst lädt geradezu zum Träumen ein. Türmchen, verwinkelte Gassen, Fachwerkhäuser, historische Parkanlagen und Gärten schmiegen sich an den Bergrücken oberhalb der Jagst, weitab von Lärm und Rastlosigkeit. Am besten Sie nehmen sich viel Zeit für dieses liebenswerte Städtchen und statten auch dem Schlossensemble einen Besuch ab.

Zu jeder Zeit frei zugänglich sind die barocken Außenanlagen mit dem hübschen Schlossgarten. Hinter den ehrwürdigen Mauern der ehemaligen Residenz der Fürsten zu Hohenlohe-Kirchberg sind heute ein Seminarhotel mit Gastronomie, ein Akademiebetrieb mit dem Schwerpunkt der ökologischen Land- und Ernährungswirtschaft, die Bauernschule Hohenlohe und universitäre Lernmodule, eine Jugendhilfeeinrichtung und seniorengerechte Wohneinheiten sowie allerhand Kultur zu finden. Seit 2022 hat mit einem modernen Ayurveda-Zentrum zudem asiatische Heilkunst im Schloss einen Platz gefunden. Träger dieses interdisziplinären Zentrums für Kunst und Kultur ist die gemeinnützige Stiftung *Haus der Bauern* mit Rudolf Bühler an der Spitze.

Historisch wandeln lässt es sich bei einem Spaziergang durch die Kirchberger Altstadt zu Fuße des Schlosses. Das *Palais Ferdinande*, ein kleines schmuckes Haus aus dem Jahr 1791, die Orangerie mit Hofgarten und das Stadttor, das Sandel'sche Museum, die Stadtkirche oder das Tischbein'sche Gartenhäuschen sowie die vielen kleinen Geschäfte laden zu einem ausgedehnten Bummel ein. Nehmen Sie sich die Zeit und genießen Sie das historische Herzen Kirchbergs.

Da klingt Musik in unseren Ohren: Im Rittersaal des Kirchberger Schlosses, einem der schönsten Konzertsäle Frankens, finden regelmäßig klassische Konzerte statt.

57

Synagoge Michelbach
Judengasse 2
74599 Wallhausen-
Michelbach a. d. Lücke
www.synagoge-michelbach-luecke.de

Förderverein Synagoge Michelbach e.V.
Hauptstraße 11
74572 Blaufelden
07953 88632

ALTE GEBETSBÜCHER UND EINE SCHRIFTKAPSEL

Synagoge in Michelbach an der Lücke

Am Türrahmen befindet sich die Mesusa, eine am Pfosten befestigte Schriftkapsel, und der Innenbereich des Gotteshauses strahlt in einem besonderen Glanz. Die 1757 erbaute Synagoge in Michelbach ist eines der ältesten noch erhaltenen Häuser einer jüdischen Gemeinde in Württemberg. Die hohen Besucherzahlen dieses Kleinods sind deshalb beachtlich für das kleine Dorf Michelbach, heute zur Gemeinde Wallhausen zählend.

Nach einem Wasserschaden blieb die Synagoge für längere Zeit verschlossen und öffnete im Jahr 2013 wieder ihre Pforten. Alle Mitglieder des *Fördervereins Synagoge Michelbach e.V.* packten bei der Renovierung an. Schließlich wurde auch ein erstaunlicher Fund aus der Zeit der ersten Sanierung 1982 neu konzeptioniert. Damals wurde im Gebälk eine Genisa entdeckt, ein jüdischer Bücherfriedhof. Nach jüdischem Glauben werden Gebetsbücher nicht einfach weggeworfen, sondern vielmehr beerdigt. Den hohen Stellenwert der Genisa sowie deren Wiederentdeckung hat der Förderverein entsprechend anschaulich dokumentiert.

Zu sehen ist in der Synagoge zudem die Kleidung, die Moritz Eichberg im Konzentrationslager Theresienstadt tragen musste. Er war der letzte jüdische Bewohner Michelbachs und kehrte nach seiner Befreiung aus dem KZ in seine Heimat zurück. Deshalb berühren wohl das ausgestellte Kleidungsstück wie auch die Geschichte von Moritz Eichberg besonders.

Stolz ist der Förderverein über das Interesse an der Synagoge, nicht zuletzt weil das jüdische Erbe und das Gedenken aufrechterhalten bleiben und den Besuchern zudem Kenntnisse über das Judentum vermittelt werden.

Ein berühmter jüdischer Sohn der Gemeinde Wallhausen ist Abraham Adolf Jandorf. Den Hohenloher zog es nach Berlin, wo er 1907 das KaDeWe gründete.

58

Eselhof Rötlein
Ruhmühlstraße 11
74579 Fichtenau-Rötlein
07962 9089923
www.eselhof-rötlein.de

Zauberwald Fichtenau
Wiesengrund
74579 Fichtenau
www.fichtenau.de

TIERISCHES WANDERN

Eselhof Rötlein

Stellen Sie sich vor, Sie wachen morgens inmitten einer kleinen Eselherde auf, frühstücken gemütlich auf der Veranda und lassen Ihren Blick über den Hof schweifen. Sie reiben sich verträumt die Augen, wähnen Sie sich doch auf einer kleinen Finca im spanischen Andalusien. Doch tatsächlich befinden Sie sich auf dem schönen Eselhof Rötlein in Fichtenau.

Nicht nur eine Nacht im Wagen auf der Eselweide mit einem abendlichen »Leckerli-Korb« und einem Frühstückspaket ist auf dem Eselhof von Iris Niederecker möglich. Die Diplom-Biologin bietet von geführten Touren über Aktivurlaub und kleine Auszeiten ganz unterschiedliche Übernachtungsmöglichkeiten. Wie wäre es mit einer Nacht in der Heuscheuer oder im lauschigen Schäferwagen mit Baden im Zuber unter freiem Himmel?

Im Juli 2018 hat sich Iris Niederecker einen lang gehegten Traum erfüllt, in Fichtenau-Rötlein einen Hof gefunden und eine Eselherde gegründet. Fünf Grautiere gehören zur Familie, denn »die Esel sind wie meine Kinder«, sagt Iris Niederecker. Zwar werden den Huftieren im Allgemeinen Eigenschaften zugeschrieben, unter anderem Gelassenheit, Ruhe und Sensibilität, aber jeder Esel »hat seine ganz eigene Persönlichkeit«, betont die Biologin. Max etwa ist »sehr verschmust« und Pablo ist der »freche aufgeweckte« unter den Eseln.

Bei geführten Touren erfahren Gäste Hintergrundinformationen zu dieser Unterart der Pferde. Iris Niederecker lässt allerdings den Teilnehmenden auch viel Raum für Entspannung. Etwa auf dem Mühlen-Mediationsweg, »wo wir uns in Schweigen hüllen und nur den Naturstimmen und dem Hufklappern unserer Begleiter zuhören – ein angenehmer Trott«.

Hexenring und Zwergenrutsche: Ein Spaß für Groß und Klein ist der Fichtenauer Zauberwald mit zahlreichen Spiel- und Erlebnisstationen.

59

Biermanufaktur Engel GmbH & Co. KG
Haller Straße 29
74564 Crailsheim
07951 91930
www.engelbier.de

HOPFEN UND MALZ SIND NICHT VERLOREN

Biermanufaktur Engel

Brauer werden Sie beim gut eintägigen Crashkurs wohl nicht werden, ist dies doch ein dreijähriger Ausbildungsberuf. Für ein kleines Kapitel an Grundwissen, wie Gerste, Hopfen und Malz zum schäumenden Genussmittel werden, dürfte das Seminar in der Crailsheimer Biermanufaktur aber ausreichen. Und am Ende steht: »Prost, mein Engel!«

Nach einem Tag in der Biermanufaktur Engel ist Ihnen das Bierkennerdiplom in jedem Fall sicher. »Sie nehmen aktiv an der Herstellung teil«, verspricht der Braukurs. Sudhaus, Gär- und Lagerkeller, Filtration bis hin zur Fass- und Flaschenfüllerei – bei den verschiedenen Stationen der Braukunst wird schon etwas geboten. Und dennoch ist es ein langer Weg vom Getreide ins Fass: Zunächst wird die Gerste gereinigt und eingeweicht, bis sie zu keimen beginnt und zu Grünmalz wird. Getrocknet geht es nach der Mälzerei in die Schrotmühle zum Kleinmachen. In der Maischepfanne kommt im Anschluss das Brauwasser dazu, sodass löslicher Malzzucker entsteht. Im Läuterbottich trennt sich schlussendlich die Spreu vom Weizen, soll heißen, der Maische wird die Flüssigkeit entzogen. In einem nächsten Schritt gesellt sich in der Würzpfanne – richtig! – der Hopfen hinzu. Im Bad verliert das Vorprodukt das Malzeiweiß und die Trübstoffe, um dann im Würzekühler einen Temperaturschock zu bekommen: Von 100 Grad auf gut zehn, schließlich kommt hier auch die Hefe dazu. Letzten Endes wird dem Gebräu im Gärtank die Hefe wieder entzogen und dem Jungbier im Lagertank erst einmal Ruhe gegönnt. Nach gut drei Wochen Entspannung landet das Bier trinkfertig im Fass oder in der Flasche.

Vom Brauen versteht die Biermanufaktur Engel wirklich viel. Die Wurzeln der mehrfach ausgezeichneten Brauerei liegen im Jahr 1738 – also jahrhundertelange Erfahrung mit dem Gerstensaft. Den können Sie beim Brau-Crashkurs natürlich auch probieren!

Zwei, die zusammengehören: Bier und Volksfest! Das Fränkische Heimat- und Volksfest in Crailsheim gilt als zweitgrößtes Event dieser Art in Baden-Württemberg.

60

Rössle Saurach
Saurach 3
74564 Crailsheim-Saurach
07904 297
www.fundis-saurach.de

Blootz auf die Hand

Gasthaus Rössle in Saurach

»D'r Blootz isch a weng wia d'r Flammkucha bei de Gelbfiasler, awwer achentlich isch onser Blootz viel besser. In Sauri wird der g'macht wia früher, do kummt nix aus d'r Bix druff. Kumm doch oafach anema Freidich vorbei und hau d'r a boor Schticklich nei und sauf an Mouschd dazu.« Nehmen Sie die Einladung der Familie Fundis an! Freitags auf nach Saurach zu ihrem Pferdehof, um im Gasthaus Rössle den Blootz kennenzulernen.

Auf über 100 Jahre Gasthaustradition kann das *Rössle* zurückblicken. Ruhetage oder Urlaub habe es all die Zeit so gut wie nie gegeben, weiß Elsbeth Fundis, Vertreterin der dritten Generation und kulinarische Schirmherrin im urigen Gasthaus. Und damit ist klar: Der landwirtschaftliche Betrieb, heutzutage als Reiterhof geführt, verlangt Familieneinsatz rund um die Uhr. Vor allem das Blootzessen an jedem Freitag zieht Feinschmecker aller Couleur nach Saurach. Am Stammtisch der Gaststube, geschmückt mit Relikten vergangener Jahrzehnte, sitzen Handwerker beim Feierabendmost und geben sich mit Herrschaften in feinem Zwirn die Klinke in die Hand. Dabei ist es manchmal wie im Wartezimmer einer Arztpraxis: Es geht immer der Reihe nach, bis alle Platz finden.

Freitags schlägt vor allem die Stunde von Elsbeth Fundis. Tagsüber hat sie Teig geknetet und dünn ausgerollt, Zwiebeln, Lauch und Speck geschnippelt, schließlich mit dem Sauerrahm verquirlt. Die genaue Rezeptur? »Das ist und bleibt ein Geheimrezept«, bekräftigt die Köchin, wieder ein Lachen auf den Lippen. Laufend und dampfend heiß, frisch und kross kommt der Blootz aus dem Ofen und wird von ihr auf großen Holzschiebern von Tisch zu Tisch gereicht. Teller? Fehlanzeige! Die guten Stücke werden einfach von der Hand in den Mund geführt. Und der eigene Appetit, heißt die verzehrten »Schticklich«, auf dem Bierdeckel festgehalten.

In den Sommermonaten heißt es einmal die Woche: Grillen im Biergarten!

61

Rudolf Bühler vom
Sonnenhof
Haller Straße 20
74549 Wolpertshausen
07904 97970
www.besh.de

Regionalmarkt Hohenlohe
Birkichstraße 10
74549 Wolpertshausen
07904 9438010
www.regionalmarkt-hohenlohe.de

HEIMAT DES MOHRENKÖPFLES

Sonnenhof

Eberhard von Bühler residierte im 13. Jahrhundert auf seiner Burg hoch über dem gleichnamigen Fluss. Eine Hofstelle unterhielt er weiter unten, direkt an der wichtigen Salzstraße, die von Schwäbisch Hall nach Prag führte. Um sie herum sollte sich später das Dorf Wolpertshausen ansiedeln. Heute existiert das stattliche Anwesen des Ritters immer noch, und die Familie Bühler ist in der 14. Generation stolzer Besitzer des Sonnenhofs.

Wohl mag noch das ritterliche Blut seiner Vorfahren in den Adern pulsieren, gilt doch Rudolf Bühler als wehrhafter Kämpfer für genetische Vielfalt in der Landwirtschaft. Nach langer Zeit als Entwicklungshelfer in Afrika und Asien kehrte der Agraringenieur Mitte der 1980er-Jahre nach Hause ins Hohenlohische zurück. Hier fand er nur noch »Hochleistungssäue« vor, während das einst heimische Schwäbisch-Hällische Landschwein nahezu ausgestorben war. Zuerst setzte Bühler in den Stallungen des elterlichen Betriebs Segel und begann mit sechs Säuen und einem Eber, das Mohrenköpfle wiederzubeleben. Der Sonnenhof wurde schnell zum Dreh- und Angelpunkt für eine neue Entwicklung: der Rückbesinnung auf das traditionell Gute.

Einst Umspannstelle für Pferdefuhrwerke, Station der adligen Thurn-und-Taxis-Post, Brennerei oder auch erste Wolpertshausener Genossenschaftsbank, ist das Anwesen heute Sitz der überregional bekannten *Bäuerlichen Erzeugergemeinschaft Schwäbisch Hall AG*. Waren es früher Reisende und Kutscher, die Rast machten, kommen heute Wissenschaftler, Politiker und Entwicklungsexperten aus der ganzen Welt auf den Sonnenhof. Beim jährlichen Hoffest erhalten alle Interessierten lehrreiche Einblicke in artgerechte Haltung. Diese dokumentiert ebenso der Film *Und es geht doch … Agrarwende jetzt!*, der im September 2022 im Kino Premiere feierte. In der Hauptrolle: Rudolf Bühler.

Direkt an der Autobahnausfahrt Wolpertshausen finden Sie die Markthalle der Bäuerlichen Erzeugergemeinschaft Schwäbisch Hall AG, den Regionalmarkt Hohenlohe.

BIOMILCH, LANDGOCKEL UND SLOW FOOD

Vom Bauernland zur Genießerregion

Bärbel, Martin und Felix Schäfer sind Bauern aus Leidenschaft. Als Familie und GbR bewirtschaften sie zusammen in Steinsfürtle bei Neuenstein einen Bauernhof mit Kühen nach strengen Demeterrichtlinien und liefern die Milch an die Schrozberger Molkerei im Osten der Region. Für den Hoferben Martin Schäfer war das ein weiter Weg. Nachhaltige, umweltgerechte Landbewirtschaftung mit einer tiergerechten Haltung war gar nicht in Mode, als der junge Schäfer in den späten 1970er-Jahren im väterlichen Betrieb mitmischen wollte. Im Gegenteil: Zu dieser Zeit schossen riesige Schweinezucht- und Mastunternehmen quasi wie Pilze aus den Ackerböden der einstigen Kornkammer Württembergs. Dagegen wurden einst stattliche und über Generationen bewirtschaftete Höfe mit traditionellem Mischbetrieb einfach stillgelegt. Martin Schäfer und Ehefrau Bärbel waren damals schon überzeugt vom biodynamischen Anbau und ließen sich weder vom Zeitgeist noch von den Vorbehalten anderer Landwirte beirren. Landwirt Schäfer behandelte konsequent Boden, Mist und Gülle mit speziellen Demeterpräparaten, die er aus Heilpflanzen, Rindermist und Quarzmehl selbst herstellte. Das über Jahrzehnte hartnäckige Festhalten an der Überzeugung für die biodynamische Landwirtschaft zahlte sich aus. Auch der inzwischen verstorbene Vater wurde zu einem begeisterten Mitkämpfer, und mit Sohn Felix und Ehefrau Nadine haben die Schäfers schließlich ebenso leidenschaftliche Hofnachfolger gefunden.

Rudolf Bühler aus Wolpertshausen hingegen hatte schnell Mitstreiter für seine Sache um sich geschart. In der Mitte der 1980er-Jahre war das. Da rettete er das Schwäbisch-Hällische Landschwein vor dem Aussterben und gründete die *Bäuerliche Erzeugergemeinschaft Schwäbisch Hall.* Das schwarz-weiß gefleckte Schwein mit dem typischen schwarzen Kopf wurde in ganz Deutschland bekannt. Geschätzt wird das Fleisch dieser alten Rasse vor allem wegen des charakteristischen Fettgehaltes und damit auch wegen des unnachahmlich guten Geschmacks. Die Zahl der Landwirte, die das Schwäbisch-Hällische Landschwein im Stall haben, ist seit den 1980er-Jahren stetig gestiegen. Vermarktet wird das Fleisch über den Zusammenschluss der *Bäuerlichen Erzeugergemeinschaft Schwäbisch-Hall AG,* die einen eigenen Schlachthof betreibt. Eine der großen Verkaufstheken für die Fleischprodukte steht im riesigen Regionalmarkt am Ortsrand von Wolpertshausen. Dort werden auch viele andere typische Hohenloher Erzeugnisse verkauft.

Und eines kann ich Ihnen wirklich versprechen: Von kulinarischen Spezialitäten kann man in Hohenlohe nicht genug kriegen! Schließlich hat sich das einstige Bauernland zur reich bestückten Speisekammer gemausert und darf sich schon seit vielen Jahren mit dem Titel der ersten offiziellen »Genießerregion« Baden-Württembergs schmücken. Für diese Auszeichnung des Landes stehen insbesondere die vielen Hohenloher Selbstvermarkter. Der Holunderblütensekt von Bernulf Schlauch oder die Hohenloher Schaumweine von Hans-Jörg Wilhelm, der Schafkäse vom Demeterhof von Norbert Fischer oder der Brunnenhof-Landgockel aus Mäusdorf sind nur einige der bekannten Aushängeschilder. Neben diesen Zugpferden der Hohenloher Slow-Food-Bewegung gibt es zunehmend eine ganze Schar von innovativen Genusspionieren, die still und leise nahezu in jedem zweiten Dorf kulinarisch tätig sind: Bauern, die Marmelade kochen, Senfkörner mahlen, Brot backen und handgeschabte Spätzle zu Markte tragen, oder auch Winzer – »Weingärtner«, wie man in Württemberg sagt –, die an den Hängen sorgsam Trauben anbauen und den Wein im Keller ausbauen.

Bei einer solchen Vielfalt können auch die Köche, darunter so einige mit Stern ausgezeichnet, ganz klar aus dem Vollen schöpfen. So kredenzen die Meister an den Herden auch leidenschaftlich gerne einheimische Produkte. Dabei ist das Potenzial der regionalen Produktpalette noch lange nicht ausgereizt: So stehen auf der Humpferranch in Schrozberg-Standorf Bisons auf der Weide, deren Fleisch direkt auf dem Hof vermarktet wird.

»International Streetfood«, mehrfach ausgezeichnet, hat Toni Tänzer im Gepäck – respektive im Food-Truck, der seit geraumer Zeit über einen festen Stand im *Ö-Center* in Öhringen verfügt. Unbedingt testen und (selbst) für superlecker befinden (www.international-streetfood.com)!

62

Thomas Hopf vom
Gasthof Zum Löwen
Marktplatz 4
74542 Braunsbach
07906 91050
www.zum-loewen-braunsbach.de

JEDER TAG IST EIN THEMA

Gasthof Zum Löwen

Wenn der *Löwe* den *Sauren Abend* ausruft, dann ist das definitiv nicht auf die Stimmung im Braunsbacher Gasthof zu beziehen. Im Gegenteil, was hier auf den Teller kommt, entzückt jeden Liebhaber von Innereien so sehr, dass der Serotoninspiegel wohl schon beim Lesen der Karte steigt. Wer dann noch von den »Sauren Niernle« oder dem geschmorten Herz in pikant-saurer Soße kostet, ist glücklich satt.

Am Herd des Braunsbacher Traditionsgasthofs stehen gleich zwei professionelle Küchenmeister: Heike Philipp und Ehemann Thomas Philipp-Hopf, die in ihren Lehr- und Wanderjahren viel in der Welt herumgekommen sind und so manche kulinarische Inspiration im idyllischen Kochertal umsetzen. Unterstützt werden beide tatkräftig von Heike Philipps Eltern, Metzgermeister Robert Philipp und Frau Doris.

Die einstige Metzgerei von Robert Philipp glänzt mit neuem Konzept. Hier lagern die »Goldstücke« der *Löwen*-Küche: komplette Rinderrücken. In sechs bis acht Wochen am Knochen gereift, kommen diese zerteilt als T-Bone-, Porterhouse-, Rib-Eye-Steak oder Kotelett in die Pfanne. Der Reiferaum entspricht dabei dem neusten Standard, und Thomas Philipp-Hopf erklärt den Gästen auf Nachfrage gerne das Prinzip des Dry-Aged-Beefs.

Nach dem verheerenden Unwetter im Mai 2016, das den rund 1.000-Seelen-Ort in einer Lawine aus Schlamm und Geröll begrub und deshalb bundesweit Aufsehen erregte, musste auch der *Löwen* gut ein Jahr lang umfangreich saniert werden. Heute ist der Gastraum wieder ein wahres Schmuckstück und die neu gestaltete Terrasse lädt bei schönem Wetter zum Verweilen ein.

Der am Kocher-Jagst-Radweg gelegene Gasthof ist »Bett und Bike«-zertifiziert und bietet durchgehend warme Küche auch für Wanderer oder Kanufahrer.

Rapsfeld bei Neuenstein

Kochertalbrücke
Parkplatz Kochertalbrücke
Nord/Süd an der A6
74542 Braunsbach

Brückenmuseum Kochertalbrücke
Im Steinig 5
74542 Braunsbach/
Geislingen am Kocher
www.brueckenmuseum.de

SPEKTAKULÄRES BAUWERK

Kochertalbrücke und Brückenmuseum

185 Meter Höhe, 1.128 Meter Länge, 72.000 Kubikmeter eingebauter Beton, 6.000 Tonnen Betonstahl und 2.500 Tonnen Spannstahl – das sind nur einige der gewaltigen Zahlen, welche die Kochertalbrücke in Ziffern ausmachen.

Fährt man über diesen Streckenabschnitt der Bundesautobahn A6 zwischen Heilbronn und Nürnberg, bekommt man das gesamte Bauwerk freilich nicht zu sehen. Vielmehr bemerkt man es wahrscheinlich kaum. Die höchste Talbrücke Deutschlands lässt sich am besten von Geislingen aus bestaunen. Und nicht nur an den Wiesen am Fluss Kocher, unmittelbar unterhalb der imposanten Überquerung, an einem der imposanten Pfeiler.

Die Geschichte der Kochertalbrücke dokumentiert eindrucksvoll das Brückenmuseum in Geislingen. Im Kulturhaus wird mit vielen Fotos und Informationen dem Meisterwerk an Baukunst Beachtung und Respekt gezollt. In nur drei Jahren Bauzeit – von 1976 bis 1979 – wurde die Talbrücke erstellt. 2019 wurde schließlich das 40-jährige Jubiläum gefeiert. 2013 bis 2016 fand eine umfangreiche Sanierung statt, und nach Abschluss der Arbeiten wurde noch im selben Jahr der Kochertalbrücke der Brückenbaupreis verliehen.

Bereits zur Gründungszeit galt die Konstruktion als glanzvolle Ingenieursleistung. Acht Pfeiler zwischen 40 Meter und 178 Meter tragen den Überbau, einen einzelligen, rechtwinkligen Hohlkasten von 8,6 Metern Breite und einer konstanten Höhe von 6,6 Metern. Beruhigend, wenn man die 185 Meter Höhe überquert: Die Fahrbahnplatte ist 31 Meter breit und überall mindestens 26 Zentimeter dick. Aber genug der Zahlen: Schauen Sie sich dieses Monument selbst aus der Nähe an und fahren Sie an der Anschlussstelle Geislingen ab!

Innehalten ganz oben auf dem spektakulären Bauwerk: Die Ökumenische Autobahnkapelle Christophorus ist über den Parkplatz Kochertalbrücke von beiden Seiten erreichbar.

64

Krimmers Backstub'
Hohenloher Straße 39
74547 Untermünkheim
0791 8362
www.krimmers-backstub.de

DER BÄCKER MIT DEM PODCAST

Krimmers Backstub'

Man muss schon etwas Geduld haben, wenn sich – vor allem am Samstag – die Warteschlange vor der Bäckerei bis auf den Bürgersteig zieht. Wobei, in den Frühjahrs- bis Herbstmonaten kann die Zeit unter freiem Himmel durchaus angenehm sein. Man kann nicht nur nett plaudern, sondern auch die Augen zum Dach des benachbarten Gebäudes schweifen lassen. Dort quartieren sich in jedem Jahr Störche ein. Dann gibt es auch die leckeren süßen Storchennester in der *Krimmers Backstub'*.

Was bei Tanja und Ingmar Krimmer und ihrem Team in den Ofen geschoben wird, ist in erster Linie liebevolle Handarbeit. Dazu kommen beste Rohstoffe, gepaart mit traditionellen Verfahrensweisen wie Langzeitführungen, und Rezepte ohne künstliche Zusätze. Das zeichnet die Backwaren des zertifizierten Bio-Betriebs aus, der auf einen treuen und vor allem großen Kundenstamm weit über den Raum Schwäbisch-Hall hinaus zählen kann.

Wissen und Herzblut rund um sein Handwerk gibt Ingmar Krimmer auch auf besondere Art weiter: in einem Podcast. Was macht einen guten Sauerteig aus? Warum kommt beim Kartoffelbrot die Erdknolle als feine Stücke ins Brot? Wie gelingt das perfekte Croissant? Neben Tipps und Tricks für die Backküche zu Hause verrät Ingmar Krimmer zudem die eine oder andere Anekdote aus seinem Bäckerleben. Und hin und wieder begrüßt er nachts interessante Gäste auf seiner Ofenbank, welche Einblicke in ihre Berufe querbeet geben: einen Sternekoch, eine Ernährungsberaterin, einen Grillmeister oder aber einen Verleger. Schließlich ist Ingmar Krimmer nicht nur ein begnadeter Bäcker, sondern auch ein erfolgreicher Buchautor: *Das große Hohenloher Backbuch* mit über 50 Rezepten aus seiner Feder verkauft sich wie geschnitten Brot.

Die herzhaften wie süßen Leckereien aus der *Backstub'* können Sie auch vor Ort genießen: *Krimmers Café* überzeugt nicht nur durch eine gemütliche Atmosphäre, Sie haben auch die Gelegenheit, dem Back-Team durch ein Fenster bei der Arbeit zuzuschauen.

65

Hohenloher Freilandmuseum
Dorfstraße 53
74523 Schwäbisch Hall-Wackershofen
0791 971010
www.wackershofen.de

BEVOR DIE WURST ZUM BROT KOMMT

Hohenloher Freilandmuseum in Wackershofen

Früh mussten die Bauern aufstehen, wenn der Metzger anrückte. Zeitig wurden Kessel angeheizt, die bereitgestellten Wannen und Behälter auf Sauberkeit geprüft und dem Schwein gut zugeredet. Verwandtschaft und Nachbarschaft kamen zusammen, um mit Hand anzulegen. Die jährlich stattfindende Hausschlachtung hatte einen hohen Stellenwert und war so etwas wie ein Festtag. Diesen gibt es heute noch in Wackershofen. Im Jahreskalender des rund 40 Hektar großen Freilandmuseums ist das Schlachtfest fest verankert.

Garantiert ist an diesem Tag ein authentischer Blick auf das Brauchtum von einst. »G'schlacht« wurde früher in der Waschküche der Bauerngehöfte, wo der Kessel stand, in dem das Wichtigste bereitet wurde, nämlich heißes Wasser. Schließlich brauchte man zum Abbrühen, zum Kochen des Fleisches und zum Garen der Würste hohe Temperaturen. Aber zuerst ging es dem zwei bis drei Zentner schweren Schwein an den Kragen. Klartext: Es wurde betäubt und danach die Halsschlagader geöffnet. Das aufgefangene Blut musste stetig gerührt werden, bis es abkühlte, bildete es doch die Grundlage für die Blutwurst, eine der Spezialitäten einer Hausschlachtung. Im Anschluss wurde der Körper in einer Wanne gebrüht, dadurch von Borsten und Haaren gesäubert und an einem Haken aufgehängt. Nun fing die eigentliche Metzgerarbeit an: Man musste die Innereien herausnehmen und das Schlachttier mit gezielten Beilhieben spalten. Danach kam der amtlich bestellte Fleischbeschauer zum Einsatz. Mit dessen Stempel war ein bedenkenloser Verzehr garantiert. Schließlich folgten das Zerteilen, Wursten und Wurstkochen sowie das Speckschneiden.

Das damals anschließend gebotene herzhafte Mahl mit Schlachtplatte, Kesselfleisch, Blut- und Leberwurst, Kraut und Brot dürfen Sie sich heute noch beim Schlachtfest in Wackershofen munden lassen!

Backofenfest, Süddeutscher Käsemarkt, Kochen in alten Küchen oder aber Handwerkertag: Das sind nur einige der Highlights im Jahresreigen des Freilandmuseums. Schauen Sie einfach in den Kalender!

Kulturlandschaftpfad Gnadental
Startpunkt:
Baierbacher Hof 1
74545 Michelfeld
www.kulturlandschafts-pfad.de

Gasthaus Hobelbank
Öhringer Straße 37
74545 Gnadental
0791 84440
gasthaus-hobelbank.de

GELEITET AUF HISTORISCHEN SPUREN

Kulturlandschaftspfad Gnadental

Ein bisschen versteckt, im Biberstal bei Michelfeld, steht ein einstiges Domizil der Zisterzienserinnen. Bis 1557 lebten hier die Ordensschwestern, deren letzte Äbtissin Helena von Hohenlohe 1543 starb. Heute begleitet die Nonne Wanderer auf dem Kulturlandschaftspfad Gnadental.

Sie guckt verschmitzt, wie sie da so am Wegstein sitzt und zeigt, wo es langgeht. Ganze 17 Stationen sind mit dem Zeichen der Nonne Helena ausgestattet, doch wer nun denkt, auf dem Themenpfad gehe es um Sakrales, ist auf dem Holzweg. Die Gemeinde Michelfeld hat vor ein paar Jahren zusammen mit Experten der Denkmalpflege und Flurneuordnung die historische Landschaft rund um Gnadental genau unter die Lupe genommen. Entstanden ist dabei ein knapp acht Kilometer langer kultureller Wald- und Wiesenweg, auf dem Helena mit ihren Infotafeln auf so manch Interessantes aufmerksam macht, von dem man sonst wohl keine Notiz nehmen würde. So auch auf den unauffälligen Graben an der dritten Wegstrecke, von dem die Nonne große Geschichte zu berichten weiß. Hierbei handelt es sich nämlich um ein Fragment der Haller Landheeg, einer früheren Landbefestigung, die die Grenze der damaligen Reichsstadt Hall markierte.

In Gnadental selbst erfährt man dann vom einstigen Zusammenleben der Zisterzienserinnen und der Biberstaler Bauern. Hier beim Kloster sollten Sie unbedingt länger haltmachen. Von der ursprünglichen Anlage sind die Wohnung der Äbtissin und ein westlicher Gebäudeteil erhalten. Auch die Kirche gibt es noch, heute unter evangelischer Regie. Richten Sie auch den Blick auf den einzigen Strebepfeiler an der Südseite! Die dort erkennbare Figur soll der Sage nach eine eingemauerte Nonne sein. Vielleicht sogar eine blaublütige, sind doch neben Helena von Hohenlohe in der rund 300-jährigen Klostergeschichte viele Adelstöchter aus der Umgebung ins Konvent gewandert.

Von den Klostermauern zur Hobelbank! Im gleichnamigen Gasthaus kann man gut und bürgerlich einkehren und speisen.

67

Starkholzbacher See
Starkholzbach
74523 Schwäbisch Hall

Bistro-Café Gipsmühle mit Biergarten
Starkholzbach 1
74523 Schwäbisch Hall
0791 9452883
www.gipsmuehle-schwaebisch-hall.de

Gott am See

Starkholzbacher See

Es ist eine wunderschöne und besondere Stimmung, wenn sich an einem Sonntagabend bei Einbruch der Dunkelheit der Starkholzbacher See in ein Licht- und Klangerlebnis verwandelt. Die letzten Badegäste haben sich zurückgezogen, und am Ufer der Badestelle finden sich zahlreiche neue Besucher ein. Es ist Zeit für *Gott am See.*

Mit Gebet und Stille sowie Text- und Musikmeditation kommen die Menschen zu einem Gottesdienst der anderen Art zusammen. Die Glaubenserfahrung am Badesee ist ein Projekt der Initiative *Raumwunder,* ein ökumenisches Team vom Evangelischen Kirchenbezirk, der Katholischen Gesamtkirchengemeinde und dem CVJM in Schwäbisch Hall.

Der Natursee mit Liegewiese ist ein Kleinod in Schwäbisch-Hall Bibersfeld. Schutzzonen sorgen dafür, dass das Gewässer sowohl ein Erholungsort als auch ein Biotop ist. »Freizeit in Einklang mit der Natur«, umschreibt der *Förderverein Starkholzbacher See* sein Vorhaben.

Nach einer umfassenden Sanierung 2009 durch die Stadt Schwäbisch Hall wurde der Verein mit dem Ziel gegründet, das Gewässer zu pflegen. Daher bekam der »Starki«, wie der See gerne genannt wird, im Jahr 2022 eine optische wie bauliche Erneuerung. Das Ufer im Badebereich wurde mit Kieselsteinen erweitert. Zudem wurden Holzstämme verteilt, die als idyllische Sitzgelegenheiten dienen. Neu gestaltet wurde darüber hinaus die Grillstelle, die nun mit Bänken ausgestattet ist.

Aber auch für Flora und Fauna machen sich die ehrenamtlichen Helfer stark. So wurden die Schutzzonen mit Schildern gekennzeichnet, um den See auch als Lebensraum für Libellenarten oder Wasservögel zu erhalten.

Besuchen Sie die Gipsmühle direkt am See. Das Bistro und Café mit kleinem idyllischem Biergarten ist geschichtsträchtig.

68

Berg Einkorn
Startpunkt Wanderung:
Parkplatz am
Bahnhof Schwäbisch Hall-Hessental
Einkorna lee 1
74523 Michelbach a. d. Bilz
www.hgc-einkorn.de

Gasthaus-Biergarten-Hostel Einkorn
mit Parkplatz
Einkorn 1
74523 Schwäbisch Hall
0791 9468528
www.der-einkorn.de

MIT DER NASE IM WIND

Berg Einkorn

»Are you ready to take off?« Wer auf der Homepage des *Hängegleiterclubs Einkorn Schwäbisch Hall e. V.* surft, wird mit Sicherheit Lust bekommen abzuheben, das kann ich Ihnen versprechen! Und wenn Sie dann auf dem 510 Meter hohen Berg Einkorn bei Schwäbisch Hall stehen und den Blick über die Hohenloher Ebene schweifen lassen, wird Sie die Vorstellung, über diese herrliche Landschaft zu schweben, nicht mehr loslassen.

Christoph Wankmüller, Vereinsmitglied und Fluglehrer, kennt dieses Gefühl nur allzu gut. »Es ist einfach schön mitzuerleben, wenn ein Schüler nach dem ersten Höhenflug das Grinsen nicht mehr aus dem Gesicht bekommt«, freut er sich. Rund 180 Mitglieder zählt der Schwäbisch Haller Drachenflugklub und ist damit einer der größten im Deutschen Hängegleiterverband und im Schwäbisch Haller Luftsportverband. Gegründet 1979, ist er auch einer der ersten, denn die Historie des Drachenflugs ist noch nicht alt. 1974 startete mit dem Kalifornier Mike Harker der erste Drachenfliegerpilot in Europa von der Zugspitze in die Luft. Der Einkorn sei vor allem für Anfänger und zum Üben »geradezu ideal«, sagt Wankmüller. Die besten Flugzeiten seien im Herbst, wenn der Wind oft aus Südwest oder West komme und damit frontal auf den Berg und die Startfläche treffe. 71 Kilometer weit und damit fast bis nach Nürnberg verbuchen die Haller Hängegleiter den längsten Flug vom Einkorn aus.

Der Berg ist die höchste westliche Erhebung der Limpurger Berge und zweifellos auch auf Schusters Rappen gut zu erobern. 60 Kilometer umfassen die ausgewiesenen Wanderwege rund um die Aussichtsplattform. Steigen Sie unbedingt die 137 Stufen höher auf den hölzernen Einkornturm. Von dort ist die Sicht fast grenzenlos – und das ganz ohne Pilotenschein.

Im schmucken und gemütlichen Gasthaus und Biergarten Einkorn mitsamt Hostel lässt es sich entspannt verweilen.

69

Großcomburg und Kleincomburg
Comburg 5
74523 Schwäbisch Hall
www.kloster-grosscomburg.de

Touristinformation Stadt Schwäbisch Hall
Hafenmarkt 3
74523 Schwäbisch Hall
0791 751600
www.schwaebischhall.de

KUNSTSCHÄTZE AUF DEM BERG

Großcomburg und Kleincomburg

Sie liegen sich gegenüber und sind auch sonst sehr gegensätzlich: Die Großcomburg und Kleincomburg im Schwäbisch Haller Ortsteil Steinbach. Das imposante ehemalige Benediktinerkloster und der frühere Standort einer Propstei vis-à-vis haben eine unterschiedliche Vergangenheit und Gegenwart. Allerdings haben sie auch eine bestechende Gemeinsamkeit: Beide beherbergen heute einmalige Kunstschätze.

Im Jahr 1078 zunächst dem Benediktinerorden gestiftet, diente die Großcomburg von 1817 bis 1909 als Unterkunft für das Ehreninvalidenkorps. Im weiteren Verlauf nutzte man die Gemäuer als Heimvolks- und Bauhandwerkerschule, bevor sie nach der Gründung der Bundesrepublik zur Fortbildungsstätte für Lehrer umfunktioniert wurden. Die Kleincomburg hingegen wurde 1684 dem Kapuzinerorden überlassen und diente diesem lange als Hospiz. Von 1877 bis ins 21. Jahrhundert wurde die ehemalige Propstei als Außenstelle der Justizvollzugsanstalt Schwäbisch Hall genutzt.

Die gesamte Klosteranlage der Großcomburg bildet im Grunde eine einzige Sehenswürdigkeit. Machen Sie einen ausgiebigen Rundgang über das Gelände und besuchen Sie vor allem die Stiftskirche St. Nikolaus und St. Maria, die einen wahren Schatz birgt: einen von nur drei Radleuchtern in ganz Deutschland. Mit seinen 48 Kerzen war er wohl einst die einzige Lichtquelle in der romanischen Kirche. Die kleine Ägidiuskirche Kleincomburg hingegen beherbergt einen üppig ausgemalten Chor mit einer seltenen Darstellung von Christus in der Kelter. Allerdings ist sie nur auf Anfrage zu besichtigen.

Machen Sie einen kurzweiligen Spaziergang in die Stadt: Von der Großcomburg führt ein Weg durch den Stadtpark *Ackeranlagen* direkt ins Zentrum.

Johanniterkirche
Im Weiler 1
74523 Schwäbisch Hall
0791 94672330
www.schwaebischhall.de

Adolf Würth GmbH & Co. KG
Reinhold-Würth-Straße 15
74653 Künzelsau
07940 152200
www.kunst.wuerth.com

ALTE MEISTER UNTERM DACH

Johanniterkirche

Seit Anfang 2012 breitet Maria ihren Mantel in der Schwäbisch Haller Johanniterkirche aus. Mit der *Madonna des Bürgermeisters Jacob Meyer zum Hasen* von Hans Holbein dem Jüngeren hat das Museum unterm Kirchendach ein Meisterwerk dazugewonnen. Über 50 Millionen Euro, so schätzt man, habe der Künzelsauer Weltkonzern Würth für das bedeutende Gemälde auf den Tisch gelegt.

Die sogenannte »Schutzmantelmadonna« ist eine wahre Zierde der Sammlung Alter Meister. Weil sie weltweit zu den schönsten und bedeutendsten Bildern der großen Maler zählt, nimmt sie eine Sonderstellung ein. An einer eigenen Wand zur Schau gestellt und durch eine rund fünf Quadratmeter große, konstant temperierte Vitrine geschützt, empfängt sie ihre Besucher. Diese müssen allerdings durch eine Absperrung gebührenden Abstand zur beeindruckenden Erscheinung halten: In ihrem wallenden und in Falten gelegten Gewand, das Haupt mit einer goldenen Krone geziert, hält Maria das nackte Jesuskind behütend in den Armen, zu ihren Füßen kniend die Familie des Bürgermeisters Jacob Meyer zum Hasen.

Holbeins »Schutzmantelmadonna« aus dem 16. Jahrhundert ist hier in der Johanniterkirche in bester Gesellschaft. Unter dem einstigen Kirchendach werden neben dem ehemaligen Fürstlich Fürstenbergischen Bilderschatz auch Gemälde von Lucas Cranach oder dem Meister von Meßkirch beherbergt. Weiter finden sich Skulpturen des Bildhauers Tilman Riemenschneider. Das Kirchengebäude selbst stammt aus dem 12. Jahrhundert und wurde denkmalgerecht saniert, bevor 2008 die Sammlung Würth mit den Alten Meistern einzog. Hinter den Kunstschätzen steht Prof. Dr. Reinhold Würth. Der Künzelsauer Unternehmer hat seit geraumen Jahren seiner Kunstleidenschaft viel Raum gegeben. So umfassen die verschiedenen Museen der Würth-Gruppe über 18.500 Werke namhafter Künstler.

Immer am Puls der (Kunst)zeit sind die wechselnden Ausstellungen in der eindrucksvollen *Kunsthalle Würth*, in unmittelbarer Nachbarschaft der Johanniterkirche.

71

Brauereiausschank Zum Löwen
Mauerstraße 17
74523 Schwäbisch-Hall
0791 2041622
www.brauereiausschank-zum-loewen-schwaebischhall.de

SAFTIGER BRATEN MIT BIERPROBE

Brauereiausschank Zum Löwen

Brauereigaststätten sind zünftig, urig, rustikal – so auch der *Brauereiausschank Zum Löwen* in Schwäbisch Hall. Und doch ist hier das Ambiente darüber hinaus stilvoll und modern. Das Ursprungshaus der Löwenbrauerei Hall, mitten in der Stadt am Kocher, hat Brauereigeist mit Charme. Kein Wunder, dass man hin und wieder warten muss, bis ein Tisch frei oder einfach auf den Bänken zusammengerückt wird.

Besonders gesellig wird es im Löwen immer dann, wenn sich über der Salzsiederstadt plötzlich ein Gewitter zusammenbraut. Denn wer in diesem Moment gemütlich an den Tischen draußen hockt – übrigens mit schönem Blick auf die Kirche St. Michael –, flüchtet samt Gerstensaft und Schnitzel nach drinnen. Die Plätze im Gastraum reichen natürlich nicht aus, dazu sind schon zu viele reserviert. Das Team bleibt dennoch stets freundlich und souverän. Der *Brauereiausschank Zum Löwen* ist das ehemalige Stammhaus der *Löwenbrauerei Hall,* deren Firmensitz sich heute in der Ritterstraße befindet. Die Wurzeln der Privatbrauerei gehen auf das Jahr 1724 zurück, das Gebäude mit der Löwen-Gaststätte wurde 1851 gebaut. An die alten Zeiten erinnern heute noch die vielen geschmackvoll gerahmten Bilder an den Wänden, in denen die gesamte Ära des Hauses festgehalten ist.

Der rustikal-moderne Chic der Schenke spiegelt sich auch in der Speisekarte wider. Vom Brauerbraten vom Schwäbisch-Hällischen Landschwein, mit Senf und Kümmel eingerieben und in einer Biersoße mit hausgemachten Semmelknödeln und Weißkrautsalat serviert, über feine Wildgerichte bis zur Pasta und knackigen Salatplatten kommt hier jeder auf den Geschmack. Bier gibt es natürlich auch! Und zwar jede Menge Sorten – alle vom Fass, frisch gezapft!

Neben dem süffigen Bier sollten Sie das Bauernhofeis mit der Geschmacksrichtung »Mohrenköpfle« probieren. Sie werden es nicht bereuen!

72

Kuchen- und Brunnenfest Schwäbisch Hall
Grasböde e
Steinerner Steg
74523 Schwäbisch Hall
www.siedershof.de

Tourist-Information der Stadt Schwäbisch Hall
Hafenmarkt 3
74523 Schwäbisch Hall
0791 751600
www.schwaebischhall.de

DER REICHTUM DER SALZSIEDER

Kuchen- und Brunnenfest auf dem Grasbödele

Wissen Sie was ein »Zwiebelesfisch« und ein »Trampeleswalzer« gemein haben? Nein? Es sind traditionelle Tänze, um genau zu sein Siederstänze. Heute noch wird alljährlich auf dem Schwäbisch Haller Grasbödele, einer kleinen Landzunge am Kocher, das Tanzbein geschwungen und das Lagerleben wie zu alten Salzsiederzeiten gezeigt. Beim Kuchen- und Brunnenfest, kurz »Siedersfest«, werden Einblicke in altes Brauchtum gewährt.

Sie ahnen es schon, es ist ein kulturelles Highlight. Fahnen-, Kannen-, Kuchenträger, Trommler und Pfeifer ziehen vom Marktplatz durch die Stadt zum Kocher. Die Geschichte, die die Vereinsmitglieder des Kleinen und Großen Siedershofs auf dem Grasbödele erzählen, fand allerdings einst an anderer Stelle statt: Rings um den Haalbrunnen am heutigen Haalplatz hatten sich die Salzsieder im Mittelalter niedergelassen. Unter großer Anstrengung schöpften sie hier die Sole aus dem Brunnen und erhitzten sie in großen Pfannen so lange, bis das Wasser verdampfte und nur das Salz übrig blieb. Doch die mühselige Arbeit lohnte sich, mit dem weißen Gold kam auch Reichtum in die Stadt. Selbstbewusst meldeten sich die Salzsieder in Prozessen gegen den Haller Rat zu Wort, dem sie Vetternwirtschaft vorwarfen. Aber sie konnten auch »Hof halten«, also gesellig feiern. Zum ersten Mal ist ein solcher Hof 1501 erwähnt, als Salzsiederburschen ein Zunftfest ausrichteten.

Dieses Brauchtum wurde mit der Einweihung der Eisenbahnlinie Heilbronn–Schwäbisch Hall 1862 wiederbelebt, als man die Salzsiederstadt auch als Kurmetropole entdeckte. Aus ersten historischen Theaterstücken um 1907 wurde schließlich das Kuchen- und Brunnenfest. Bald nach dem Zweiten Weltkrieg gründete sich dann der Verein Siedershof neu. Bis heute haben die Traditionspfleger keinen Nachwuchsmangel: Jedes Jahr warten sie von Neuem zahlreich und kostümprächtig zum Siedersfest auf.

Ein Traum: Beim Sommernachtsfest im August verwandelt sich der Stadtpark entlang des Kochers in ein Lichtermeer.

78

Geigenbauwerkstatt Hatting
Gelbinger Gasse 12
74523 Schwäbisch Hall
0791 9466890
www.stimmstock.de

Hohenloher Kultursommer Kulturstiftung Hohenlohe
Allee 17
74653 Künzelsau
07940 18348
www.hohenloher-kultursommer.de

KLEINE WERKSTATT UND GROSSER SOMMER

Geigenbauwerkstatt Hatting

Lassen Sie mich mal vorsichtig spekulieren: Ohne diesen Mann würden die Konzertveranstaltungen des 1987 begründeten *Hohenloher Kultursommers* nicht so schön klingen. Geigenbaumeister Michael Hatting ist in Hohenlohe wohl der Einzige seiner Zunft. Aus der ganzen Region – und noch weit darüber hinaus – kommen Musiker nach Schwäbisch Hall in seine Werkstatt, um ihre Instrumente zum Klingen zu bringen.

Michael Hatting restauriert alte Geigen, baut neue Geigen, vermietet Geigen und versteht sich darin, die Lieblinge der Musiker wieder auf Vordermann zu bringen. Sei es bei Ansprachproblemen der Saiten, einer falschen Stegrundung oder einer schlechten Klangeinstellung. »Viele meiner Arbeiten sind Wartungs- und Reparaturarbeiten«, konstatiert der Meister. Eine Mutter etwa lässt regelmäßig die Violine ihres Sohnes, der im bekannten Windsbacher Knabenchor musiziert, in seiner Werkstatt durchchecken. Sie weiß das Können von Michael Hatting zu schätzen: »Man gibt so ein Instrument nicht jedem in die Hand, da muss schon ein besonderes Vertrauensverhältnis da sein.«

Unweit der Schwäbisch Haller Werkstatt, im Kloster Schöntal im Nordwesten Hohenlohes, findet seit 1997 alle zwei Jahre der Internationale Wettbewerb für Violine statt, durch den junge Talente entdeckt und frühzeitig gefördert werden. Die Veranstaltung ist ein zentraler Programmpunkt des *Hohenloher Kultursommers.* Aus anfänglich zwei Dutzend Konzerten sind mittlerweile über 70 geworden. Das Festival ist immer eine kulturelle Reise durch Hohenlohe, verteilen sich doch die Veranstaltungsorte über den ganzen Landstrich. Als ein Aushängeschild der Region zieht der *Hohenloher Kultursommer* in jedem Jahr Tausende Besucher an. Und ganz oft spielen Instrumente aus der Haller Meisterwerkstatt die erste Geige.

Michael Hatting versteht sich zudem als Schöpfer von handgefertigten Schreibgeräten! Dabei spielen ungewöhnliche Holzarten die Hauptrolle. Ob Füller, Kugelschreiber oder Bleistift – jedes Stück ist ein Unikat!

74

Anlagencafé
Ackeranlagen 6
74523 Schwäbisch Hall
0791 9782345
www.anlagencafe.de

Neues Globe
Unterwöhrd 1
74523 Schwäbisch Hall
www.freilichtspiele-hall.de

Oase mit Veggie-Kulinarik

Anlagencafé

Mitten in der grünen Lunge von Schwäbisch Hall liegt ganz besonderer Platz. Gebaut als Schützenhaus im Jahr 1936, öffnet heute das Anlagencafé einer bunten Gästeschar seine Türen. In den Ackeranlagen, direkt am Kocher gelegen, inmitten von Bäumen und Grünflächen, bildet das kleine spezielle Café eine Oase. Hier trifft man sich gerne, sei es bei einer Verabredung mit lieben Freunden oder spontan nach dem Einkaufsbummel durch die Haller Innenstadt mit ihren vielen Läden. Vor allem in der warmen Jahreszeit, wenn das Leben in der alten Salzsiederstadt geradezu pulsiert, lädt der Biergarten des Anlagencafés mit dem malerischen Springbrunnen und der großen Treppe vor dem Gebäude zur Einkehr ein. Und am Abend, wenn die Ahornbäume ihre langen Schatten werfen, wird das Café kurzerhand zur Bar belebt.

Bemerkenswert ist auch das kulinarische Angebot. Eine bunte Veggie-Bowl mit Schwarzem Reis und Fenchel, Edamame und Spinat sowie Cashewkernen, Sesam mit hausgemachtem Humus und vielen weiteren vertrauten wie exotischen Zutaten verspricht wahre Gaumenfreuden. Oder lieber die hausgemachten Kichererbsenbällchen in einer Pita mit Salat, Tomaten, Gurken und Zwiebeln? Sie merken schon: Vegetarische Gerichte werden großgeschrieben! Auch wenn es immer am Sonntag heißt: »Frühstücken im Anlagencafé«! Unter dem vielseitigen Angebot sollten Sie das spezielle hausgemachte Müsli probieren oder aber die Buchweizenpfannkuchen mit Kokosmilch und Früchten. Doch auch wenn man eher Fleischgelüsten frönt, wird man fündig! Das Anlagencafé führt auch ein Omelett mit Bacon, ein Frühstück mit Wurstvariationen oder ein paniertes Schnitzel auf der Karte!

Machen Sie einen Abstecher auf die unweit gelegene Kocherinsel Unterwöhrd. Dort finden Sie das *Neue Globe,* ein außergewöhnliches Theatergebäude, das seit 2019 den hölzernen Bau nach dem Londoner Vorbild ersetzt. Unbedingt Newsletter abonnieren!

75

Bühlertalwanderweg Bühlertann–Vellberg
Startpunkt:
Kirchplatz 1
74424 Bühlertann

Tannenburg – Gästepension und Biohof
Tannenburg 1
74424 Bühlertann
07973 5985
www.zipperer-tannenburg.de

WIESEN, FELDER, WÄLDER

Bühlertalwanderweg

Proviant sollten Sie unbedingt mitnehmen. Entlang des idyllischen Bühlertalwanderwegs sind wenige Einkehrmöglichkeiten vorhanden, aber mit Speis und Trank im Rucksack lässt es sich gut an, schließlich gilt das Hohenloher Bühlertal als Paradies für Wanderer.

Der Landstrich entlang des Flüsschens besticht vor allem durch ländliche Ruhe und Beschaulichkeit. Einsame Pfade an der Bühler wechseln sich mit weiten Ausblicken auf Wiesenlandschaften ab. Seltene Tiere und Pflanzen lassen sich am Weg entdecken und runden das Wandererlebnis ab.

Vor allem die dritte Etappe des Bühlertalwanderwegs, kurz BTW, ist eine schöne Strecke, die mit 9,5 Kilometern als gemütliche Tagestour gut zu meistern ist. Die Route verläuft zuerst am Wald entlang und führt anschließend durch den kleinen Weiler Kottspiel. Dann heißt es einen Aufstieg einplanen, schließlich erklimmt man die Tannenburg, die markant über dem Bühlertal thront. Die romantische und liebevoll restaurierte Stauferburg aus dem 12. Jahrhundert befindet sich heute im Privatbesitz der Familie Zipperer.

Von den Rastplätzen rund um die Burg können Sie in aller Ruhe den herrlichen Ausblick genießen – und am besten dazu die mitgenommene Wegzehrung. Gestärkt geht es weiter, entlang der Wiesen, Felder und Wälder bis Bühlertann. Und sollten Sie sich wie so viele in dieses Landschaftsbild verlieben, gibt es eigentlich nur eines: Unternehmen Sie die gesamte Fernwanderung, von der Quelle bis zur Mündung der Bühler. Dabei bewältigen Sie die rund 72 Kilometer – von Abtsgmünd bis nach Eckartshausen – in sechs Etappen.

Nächtigen im Holzdeckenzimmer, Bauernzimmer oder Jugendstilzimmer, und das alles mit Panoramablick: Auf der Tannenburg ist dies möglich!

76

Gasthof Ochsen und Dorfkäserei Geifertshofen
Bachstraße 2
74426 Bühlerzell-Geifertshofen
Gasthof: 07974 9699873
Käserei: 07974 911770
www.dorfkaeserei.de/gasthof-ochsen

ALLES HEUMILCHKÄSE!

Gasthof Ochsen und Dorfkäserei Geifertshofen

Ein Holunderblütenkäse im Frühsommer, der Schwarzkümmelkäse im Herbst oder ein aromatischer Zimtkäse im Winter – diese Besonderheiten aus der Dorfkäserei Geifertshofen kommen im Gasthof Ochsen auf den Tisch. Käseverkostungen führte die feine Dorfkäserei zwar schon einige Jahre im eigenen historischen Gasthof durch, jetzt wird aber am Herd wieder gekocht.

Im Jahr 2014 wurde die Geifertshofener Dorfkäserei auf ein neues Fundament gestellt. Die *Bäuerliche Erzeugergemeinschaft Schwäbisch Hall AG* mit Rudolf Bühler als Gründer und Vorstand half damals dem in Insolvenz geratenen Betrieb wieder auf die Beine. Als kleine Aktiengesellschaft unter Beteiligung von gut 140 Bürgern aus der Region kann die Käseschmiede zuversichtlich in die Zukunft blicken. »Dabei steht nicht die Gewinnmaximierung im Fokus«, betont Nadine Bühler, Vorstandsvorsitzende der *Dorfkäserei Hohenlohe AG*. Vielmehr spielen die Milchbauern die Hauptrolle. Die Heumilch, die in Geifertshofen angeliefert wird, stammt ausschließlich von kleinen Höfen der Umgebung, die unter Demeter- oder Biolandrichtlinien ihre Flächen bewirtschaften. So fließt die ganze Bandbreite sonnensatter Gräser und würziger Kräuter in die Milch, die im Handwerksbetrieb dann zum Käse wird. Geschmack pur bedeutet dies für die zwölf Sorten umfassende Hartkäsepalette, die genau deswegen auch in den Sterneküchen – nicht nur in Hohenlohe – gefragt ist. Mittlerweile ist die Dorfkäserei weit über regionale Grenzen hinaus bekannt.

Der urige Gasthof hat nur zu bestimmten Terminen geöffnet, kann jedoch für Feierlichkeiten gemietet werden. Mit dem Dorfladen bilden Gasthaus und Käserei ein harmonisches Dreiergespann. Produkte für den täglichen Bedarf finden sich neben erlesenen Spezialitäten wie Akaziensekt oder Feigensenf im Regal – natürlich »made in Hohenlohe«!

Die Bioheumilchkäseproduktion kann man beobachten bei den Führungen in der Dorfkäserei Geifertshofen.

Stuttgart 52
Heilbron

Heuberg 2,5 km
Pfedelbach 2 km

77

Breitenauer See
74182 Obersulm
www.breitenauer-see.de

WASSER MARSCH!

Breitenauer See

Am 1. Dezember 2020 wurde der Stöpsel gezogen: Rund 2,3 Millionen Kubikmeter Wasser wurden in den folgenden 138 Tagen abgelassen. Rund 25 Jahre nach der letzten vollständigen Trockenlegung musste der künstlich angelegte Breitenauer See, als Hochwasserschutzanlage 1975 bis 1980 gebaut, genauestens unter die Lupe genommen werden. Nach der umfangreichen Sanierung 2021 und dem abschließenden sukzessiven Wiederaufstauen dient der See nun wieder zur Freizeitgestaltung am und auf dem Wasser.

Mit rund 40 Hektar zählt der beliebte Breitenauer See zu den größten Wasserflächen im Norden Baden-Württembergs und lockt in jedem Sommer zahlreiche Gäste an. Samt See können sich diese auf rund 95 Hektar tummeln. Neben schönen Liegewiesen, zum Teil unter Schatten spendenden Bäumen, stehen unter anderem ausgewiesene Ballspielflächen, Tischtennisplatten, ein Basketballkorb sowie eine Torwand zur Verfügung. In Kombination mit den Beachvolleyballfeldern, der Boulebahn und einem riesigen Abenteuerspielplatz mit Bodentrampolin garantiert ein Tag in dem Naherholungsgebiet pures Sport- und Freizeitvergnügen. Mit dem rund 400 Meter langen, teilweise mit Sand aufgeschütteten Badestrand ist das Sommerurlaubsfeeling geradezu vorprogrammiert. Da kann man doch schon mal länger bleiben und sich einen Platz auf dem dazugehörigen Campingpark sichern. Im Jahr 1985 eröffnete *Campingplatz Breitenauer See,* der sich mit der Zeit einen Namen gemacht hat. Gut eine halbe Million Camper verbucht der mit fünf Sternen ausgezeichnete Park in jedem Jahr.

Ach ja, Lernen gehört auch noch dazu: Ein Gewässerlehrpfad rund um den See, initiiert von der Jugendgruppe des ansässigen Fischereivereins, vermittelt Wissen über Flora und Fauna im und am Wasser.

»Wein.Wald.See.Berge« – unter diesem Slogan wurde die Gemeinde Obersulm zu einem vom Land ausgezeichneten Weinorte im Weinsüden.

78

Experimenta – Das Science Center
Experimenta-Platz
74072 Heilbronn
07131 887950
www.experimenta.science

DIE GANZE WELT AN EINEM ORT

Experimenta – Das Science Center

Waren Sie schon einmal in Ihrer ganz persönlichen Wissenschaftsshow? Nein? Dann wird es aber höchste Zeit. Etwas mehr als eine Stunde, genauer gesagt 71 Minuten, müssen Sie investieren. Und Ihre Freude am Erkunden und Entdecken.

»Kleine Spiegelbilder« heißt eine der empfohlenen Touren der *Experimenta,* Deutschlands größtem *Science Center.* An acht Mitmachstationen können Sie herausfinden, was – aus wissenschaftlicher Sicht betrachtet – in Ihnen steckt. An der Station *Phantombild* erfahren Sie beispielsweise, warum Ihr Gehirn Gesichter sehr gut erkennen kann. Bei der *Schubsmaschine* dürfen Sie hingegen testen, wie gut Ihre Reflexe sind.

Über 20 verschiedene interaktive Touren durch die Ausstellung hat das Team des *Science Centers* zusammengestellt. Und verspricht dabei: »Die ganze Welt an einem Ort«. Dabei geht es immer um Mitdenken, Rätseln und Experimentieren. Spielerisch versteht sich – und mit viel Spaß! Dabei spricht die *Experimenta* Kinder wie auch Erwachsene gleichermaßen an. Ideal also für einen Familienausflug! Dabei sollte man einen ganzen Tag einplanen.

Mit 25.000 Quadratmetern Fläche auf vier Etagen und mit rund 275 interaktiven Stationen gilt die *Experimenta* nicht ohne Grund als größtes Wissenschaftszentrum in unserem Land. Untergebracht mitten in Heilbronn, auf einer Neckarinsel im ehemaligen Lagerhaus Hagenbucher, wurde das Zentrum im Jahr 2009 eingeweiht. Mit dem *Science Dome* kam zehn Jahre später ein schicker Neubau dazu. Die drei Bereiche *Erlebniswelten, Entdeckerwelten* und *Forscherwelten* locken in jedem Jahr Tausende Besucher an. Im Mai 2021 war das *Science Center* zudem Veranstaltungsort des Bundeswettbewerbs *Jugend forscht.*

Auf der Insel zwischen Altneckar und Neckartal angelegt, liegt das Gelände der 2019 in Heilbronn ausgerichteten Bundesgartenschau. Die weitläufigen Grünflächen, Uferlandschaften, zwei Seen sowie diverse Spiel- und Sportanlagen laden zu einem aktiven Tag im Grünen!

79

Altstadt Rothenburg o. d. Tauber
Ausgangspunkt: Plönlein
Plönlein 2
91541 Rothenburg o. d. Tauber
www.rothenburg-tourismus.de

Mittelalterliches Kriminalmuseum
Burggasse 3–5
91541 Rothenburg o. d. Tauber
09861 5359
www.kriminalmuseum.eu

WANDELN AUF KOPFSTEINPFLASTER

Historische Altstadt

Auf rund 11.000 Einwohner kommen jedes Jahr weit über 300.000 Übernachtungsgäste. Die nach offiziellen Zahlen gut 1,7 Millionen Tagestouristen sind da noch nicht mitgezählt. Das ist eine Hausnummer! Und damit sind wir auch schon beim touristischen Hotspot in Rothenburg ob der Tauber: dem Plönlein.

Dieser »Kleine Platz am Brunnen« einem Gebäudeensemble mit dem prägnanten gelben schiefen Fachwerkhaus und den beiden Türmen der alten Stadtmauer ist wohl das beliebteste Altstadtmotiv für Fotojäger aus aller Welt und auch ein guter Ausgangspunkt für eine Sightseeingtour über das historische Kopfsteinpflaster des historischen Viertels Rothenburgs.

Die mittelfränkische Kleinstadt im Landkreis Ansbach in Bayern, an der Grenze zu Baden-Württemberg und zur Region Hohenlohe, darf sich mit ihrem gut erhaltenen mittelalterlichen Stadtkern schließlich zu einer weltbekannten Sehenswürdigkeit zählen. Die geschichtsträchtige Architektur Rothenburgs diente schon im Walt-Disney-Klassiker *Pinocchio* aus dem Jahr 1940 als typische historische europäische Kulisse und wurde später vielfach von Künstlern, Designern oder auch Architekten adaptiert.

Am besten Sie machen sich selbst ein Bild von der Stadt mit den vielen baulichen Schätzen vergangener Tage. Die Renaissance-Fassade des Rathauses mit dem barocken Vorbau und dem 60 Meter hohen Turm, das Hegereiterhaus, der Röderbogen, das Klingentor, die Gerlachschmiede, das Fleisch- und Tanzhaus … Und wenn Sie nach Ihrem Spaziergang durch die schönen Altstadtgassen noch Zeit finden: Besuchen Sie unbedingt auch die düstere Seite Rothenburgs: das Mittelalterliche Kriminalmuseum. Das garantiert eine Reise in schaurigste Zeiten von Folter, Rad und Pranger.

Die Eiswiese ist in jedem Jahr Kulisse für das spektakuläre *Taubertal-Festival.* Da steppt der Bär respektive spielen über 50 Bands auf vier Bühnen (www.taubertal-festival.de)

80

Hotel-Restaurant Deutsches Haus
Weinmarkt 3
91550 Dinkelsbühl
09851 6058
www.deutsches-haus-dkb.de

Kinderzech-Zeughaus
Bauhofstraße 43
91550 Dinkelsbühl
09851 589520
www.kinderzech-zeughaus.de

SPIEGELKARPFEN UND SCHWARZFEDERHUHN

Hotel-Restaurant Deutsches Haus

Immer an den Wochenenden um den dritten Montag im Juli ist das Hotel-Restaurant Deutsches Haus aus der Zeit gefallen. Dann, wenn die ganze Stadt historisch bebt. In den Straßen und Gassen sind Tische und Bänke aufgestellt, und man wähnt sich in einer anderen Epoche. Das ist die Stunde der *Kinderzeche*. Das spektakuläre Heimatfest, das 2022 sein 125-jähriges Jubiläum feierte, lockt in jedem Jahr Tausende Besucher in die fränkische Stadt und vor allem viele Darsteller mit prächtigen Kostümen.

Prunkvoll ist zu jedem Tag im Jahr zweifellos das Deutsche Haus. Die Fassade mit dem kunstvollen Schnitzwerk zählt zu einem der bedeutendsten Bürgerhäuser der deutschen Renaissance. Und speisen im historischen Restaurant ist ein wahrer Genuss. Das stellte schon einer der bedeutendsten deutschen Gastronomiekritiker, der 2016 verstorbene Wolfram Siebeck, fest. Sein Urteil ist heute an der Wand unter Glas verewigt, im schmucken Eingangsbereich des Restaurants. Sie merken schon: Ein Besuch der Gourmetküche lohnt sich.

Allein schon das Lesen der Speisekarte lässt den Mund wässrig werden. Eine Steinpilzessenz mit Rhönlamm, Wan Tan, Kimchi und Minze, ein Filet vom Hesselberg Stör mit lackiertem Schweinebauch, Grünkohl und geräuchertem Kartoffelstampf oder aber das Schwarzfederhuhn, das in zwei Gängen serviert wird – einmal als Brust mit glaciertem Wintergemüse und Aromen der Zitrone und einmal Keule mit geräuchertem Kartoffelstampf und gegrilltem Kopfsalatherz. Da will ich Ihnen auch meinen ganz persönlichen Tipp nicht vorenthalten: Spiegelkarpfen im Bierteig! Den allerdings gibt es in Franken nur zur Karpfensaison im Herbst und Winter.

Sie sind neugierig, was es mit der Dinkelsbühler *Kinderzeche* genau auf sich hat? Dann besuchen Sie das Kinderzech-Zeughaus, gleich um die Ecke vom Deutschen Haus.

Nana dansante bleue von Niki de Saint Phalle im Skulpturengarten *Carmen Würth Forum* in Gaisbach